CÓMO HABLAR EL LENGUAJE DE SU CÓNYUGE

H. NORMAN WRIGHT

Editorial UNILIT

Publicado por
Editorial **Unilit**
Miami, Fl. 33172
© 1997 Derechos reservados

Primera edición 1997

Copyright © 1986 por H. Norman Wright
Publicado en inglés con el título:
How to Speak Your Spouse's Language
por Fleming H. Revell a division of Baker Book House
Grand Rapids, Michigan
Todos los derechos reservados. Se necesita permiso escrito
de los editores, para la reproducción de porciones del libro,
excepto para citas breves en artículos de análisis crítico.

Traducción: Shura Palacios
Cubierta diseñada por: Ximena Urra
Fotografía: Nick García

Citas Bíblicas tomadas de la versión Reina Valera,
Revisión 1960 © Sociedades Bíblicas Unidas,
La Biblia de las Américas
© 1986 The Lockman Foundation
La Biblia al Día
© 1979 Living Bible International
Usadas con permiso

Producto 498613
ISBN-1-56063-750-1
Impreso en Colombia
Printed in Colombia

Contenido

Cómo hablar el lenguaje de su cónyuge

Uno

Habla mi lenguaje

¿Hablas tú el mismo lenguaje?

Fue difícil ignorar a la pareja joven sentada a la mesa del restaurante, mirándose extasiados entre sí. El ruido y las conversaciones de las otras mesas no los distraía. Hablaban juntos como si fuesen la única pareja en ese lugar. Cuando él hablaba, la expresión facial e intensidad de su mirada penetrante indicaba que ella devoraba cada palabra. Cuando ella respondía, él aprobaba asintiendo con su cabeza, en ocasiones levantando sus cejas, y mirando intensamente a su rostro mientras ella compartía con él. La intensidad de la atención personal del uno para con el otro indicaba que esta pareja estaba muy enamorada.

Un hombre que estaba sentado cerca de ellos los observaba. Tan pronto como terminaron su conversación y se levantaron para partir, él los detuvo.

"Perdonen," les dijo. "Podría hacerles una pregunta?"

Ellos se detuvieron y sonrieron. "Por supuesto, de qué se trata?"

"No pude evitar verlos a ustedes conversando," el hombre respondió. "Los dos se veían aferrados a cada palabra. ¿Creen que se comunican de tal manera que realmente saben lo que la otra persona quiere decir? ¿Pueden realmente captar lo que su pareja siente y cree? ¿Lo creen?"

La pareja lo interrumpió con risa. "Por supuesto, que sí," dijo la mujer. "No hay ningún problema, en lo absoluto, en nuestra forma de comunicación. Estamos en la misma onda. Esta es una de las razones por las que nos atraemos tanto. ¡La comunicación no es un problema para nosotros!"

Dos semanas después, la pareja caminó por el pasillo de su iglesia y se comprometieron el uno hacia el otro de por vida, se comunicaron felizmente por siempre. *¿Lo hicieron?*

Cinco años después. El mismo restaurante. La misma pareja. El mismo hombre sentado a la mesa de la esquina, observando a la pareja hablar. Esta vez ellos hablan pero no se comunican. Él nota que se interrumpen el uno al otro, sacudiendo sus cabezas, o virando sus ojos hacia arriba en señal de disgusto. A ratos se los ve enojados. El marido observa alrededor del salón mientras su mujer le sigue hablando. Ella levanta sus manos frustrada, y su voz comienza a llegar a las mesas adyacentes. Él mueve su cabeza, y sus ojos transmiten incredulidad y confusión. Pronto abandonan su mesa y comienzan a caminar hacia afuera del restaurante. El hombre observándolos los intercepta y dice: "¿Puedo hacerles una pregunta?"

La pareja se detiene, titubea, se miran entre sí y luego miran al hombre desconcertados.

El cónyuge responde, "Bueno,... está bien. ¿Cuál es su pregunta?"

"Es muy sencillo", responde el hombre. Luego les repite las mismas preguntas hechas cinco años atrás. "No pude evitar verlos a ustedes conversando", el hombre respondió. "Los dos se veían aferrados a cada palabra. ¿Creen que se comunican de manera que realmente saben lo que la otra persona quiere decir? ¿Pueden realmente captar lo que su pareja siente y cree? ¿Lo creen—?"

Ambos, marido y mujer interrumpen al hombre, y ella exclama: "¡Comunicarnos! Yo trato, pero él no escucha. O su mente está frita o él no tiene la capacidad de entender un lenguaje sencillo. Usted pensaría que le estoy hablando a un extraño. Y"—...

Su marido interrumpe. "La mitad del tiempo ni siquiera entiendo lo que ella está tratando de decir. Ud. pensaría que ella está hablando un lenguaje diferente. ¡No podemos comunicarnos! Hablamos por encima de nosotros. Ella ve las cosas tan diferentes de como yo las veo. Y ella habla incesantemente. ¡Dale que dale que dale! No sé qué es lo que está tratando de decir. "Ellos comienzan a argumentar y el hombre silenciosamente se desliza en el fondo mientras la pareja se aleja, cada voz absorta en el hecho de que su pareja no está escuchando. Años atrás ellos pensaban que podían comunicarse, mas ahora...

Escuchemos a dos personas discutir sobre un asunto de negocios Jorge: "No lo entiendo. Trabajé y trabajé en la propuesta por semanas. Yo hice mi trabajo, cubrí cada ángulo, e hice lo que yo pensé era una magnífica presentación".

Federico: "Bueno, ¿qué sucedió entonces? ¿Por qué aceptaron la propuesta del competidor?"

Jorge: "No lo puedo explicar. Me tiene perplejo. Especialmente porque yo tengo una copia de la oferta de la otra compañía. No es diferente de la nuestra. Es más, dimos un costo más bajo. No lo entiendo".

Federico: "Debe de haber una razón. ¿Cómo salió tu presentación?"

Jorge: "Sentí que salió bien. No tomó mucho tiempo. Ellos no hicieron muchas preguntas. Lo hice muy claro, y ellos se veían corteses e interesados.... Pensé que lo había concluido. Estaba tan seguro de que lo había obtenido, que esperé por ahí hasta después de la presentación de nuestro competidor. Pensé que entonces querrían firmar".

Federico: "¿Por qué? ¿Qué te hizo pensar que estaban listos?"

Jorge: "La otra presentación fue tres veces más larga. Fue complicada y confusa. No sé por qué pasaron tanto tiempo ahí. Estaba seguro de que estábamos en la misma onda, y ellos se irían con nosotros..."

Pero Jorge no estaba en la misma onda cuando hizo la presentación. Oh, lo que él presentó fue bueno, pero falló en conectarse con sus oidores. *¿Por qué? ¡Porque él no estaba hablando su mismo lenguaje!* Ellos estuvieron mucho más cómodos con la presentación de la otra persona, y se estableció una afinidad. ¡Por eso firmaron!

Un marido y su mujer se sientan en su salón familiar tenuemente alumbrado, escuchando los sonidos orquestales que salen del estereo. El cuarto es cómodo y unos cuantos olores de la cena se diseminan en el aire. Se sientan al frente uno del otro, mirando los planos para remodelar una sección de su hogar.

Marido: "Si miras el nuevo diseño y los arreglos del cuarto, verás muy claramente que me he concentrado en las sugerencias que mencionaste la última vez que revisamos esto. Simplemente no puedo ver qué es lo que te molesta de estos cambios ahora".

Mujer: "No sé. Sigo teniendo la sensación de que algo falta en este cuarto. No puedo definirlo. Necesitamos un mejor manejo en algo".

Marido: "Creo que simplemente estás enfrascada en tu propio punto de vista. Tú recuerdas algo del hogar de tu niñez y quisieras verlo aquí. Míralo desde una perspectiva diferente. Entonces verás como este arreglo será mucho mejor de lo que tú estás hablando.

Mujer: "No, no creo que tienes la sensación adecuada de lo que este cuarto puede expresar. Necesitas ponerte en contacto con este arreglo desde mi punto de vista. ¿No entiendes lo que te estoy diciendo?"

¿Qué piensas? ¿Se entenderán el uno al otro? ¿O están hablando dos lenguajes diferentes?

Dos estudiantes universitarios están hablando durante la cena. Uno dice: "Sabes, realmente me siento cómodo hablando con el nuevo ministro de la universidad. Qué diferencia entre él y el antiguo. Este hombre me entiende. Puedo decirlo. Realmente parecemos hablar el mismo lenguaje".

Su amigo responde, "Sí, yo sé lo que estás diciendo. Él muestra interés y te demuestra que él está realmente en sintonía contigo. Él sí parece hablar el mismo lenguaje".

¡Ahí está!

¿Cómo ahí está? Uno de los más grandes secretos de la comunicación y conversación efectiva. Siga este principio, y se sorprenderá de los resultados: *¡Habla el mismo lenguaje de la otra persona!*

¿Qué significa esto? ¿Quiero acaso decir que debes encontrar personas que hablen de la misma manera que tú y en la misma forma? ¿Son éstos con quienes te puedes realmente comunicar? No, no es esto lo que quiero decir en lo absoluto. Eso te limitaría a muy poca gente. En cambio quisiera mostrarte cómo ser flexible y aprender el lenguaje de aquéllos con quienes entramos en contacto. Esto te permite comunicarte efectivamente casi con cualquiera.

La comunicación y un lenguaje extranjero

¿Has viajado alguna vez a un país extranjero? Hay dos tipos de viajeros: el colonizador y el inmigrante. El colonizador quiere visitar otro país, pero lo ve desde su propia perspectiva en lugar de experimentarlo desde el punto de vista de los habitantes. Cuando ingresa al país busca señales en su propio lenguaje y busca a gente que hable su propia lengua. Él intenta encontrar lo familiar y falla en aventurarse a un territorio sin esquemas. No amplía sus actividades ni aprende ninguna palabra en este lenguaje extranjero. Es más, este viajero se irrita cuando no puede leer las señales para el baño ni entender el menú. En lugar de pedir ayuda o aprender unas cuantas frases que le ayuden, se molesta. Él depende de otros de su propio país, quienes puedan interpretarle y guiarlo. Cuando habla con residentes locales, se acerca a ellos en su propio lenguaje, y ellos le responden desconcertados o dicen unas pocas palabras que han aprendido y le señalan alguna dirección. Nuestro viajero termina creando una experiencia no placentera para él y casi no puede esperar el momento de volver a su familiar territorio. Él regresa a su hogar con la actitud de que la gente de ese país no era amigable. No se interesaban ni ayudaban. De haberlo sido, ellos le hubieran provisto mensajes en su lenguaje y aprendido su lenguaje a fin de ayudar al turismo.

A menudo las naciones colonizadoras hacen esto. Ellos transportan su propio lenguaje, costumbres y sistemas monetarios a otro país y fuerzan a la gente ahí a volverse como ellos.

El viajero inmigrante es bastante diferente. Él es en cierta forma un aventurero. Se prepara de antemano para su viaje orientándose a sí mismo para esta cultura extranjera. Lee libros acerca de la cultura, costumbres, e historia del país e intenta aprender cada día frases en este nuevo lenguaje. A fin de poder conversar con la población nativa, pueda que él aun tome clases de ese lenguaje antes de salir. Cuando arriba a su destino, él está ansioso por descubrir todo lo que puede. Busca lugares históricos, prueba todas las comidas nuevas, lee lo más que pueda en el lenguaje del país, y utiliza sus nuevas habilidades verbales donde le es posible. Puede que aun disfrute el vivir por un tiempo con una familia de aquel país a fin de poder captar completamente el sabor de este nuevo mundo.

A medida que el inmigrante intenta hablar este nuevo lenguaje, la gente responde con buena disposición. Le ayudan a pronunciar palabras extrañas. A menudo, si ellos son expertos en el lenguaje del viajero, comenzarán a hablarle de manera que él se sienta más cómodo. Se sienten encantados de que esta persona haya hecho un intento por aprender su lenguaje, y pueden ambos reír de alguna de sus malas pronunciaciones. Cuando el inmigrante regresa a casa, él está que estalla de entusiasmo e historias de sus experiencias. Él dice que la gente ahí era tan amigable, amplia e interesante. ¡Eran encantadores!

¡Pero espera un minuto! Ambos el colonizador y el inmigrante fueron al mismo país y se encontraron con la misma gente. ¿Por qué la diferencia en sus respuestas? Muy sencillo. El inmigrante estuvo dispuesto a aprender acerca de la cultura de la gente y aprender a hablar su propio lenguaje. Al intentar hablar como lo hizo, la gente respondió positivamente a sus intentos y trató de hacerle todo más fácil para él, hablando su lenguaje como respuesta.

Si realmente quieres comunicarte, no pongas inicialmente, la responsabilidad de entenderte sobre la otra persona . ¡Alcánzalo e intenta entender a la otra persona primero, y esto le dará la libertad de responderte a ti!

¿Cómo puedes hacer esto? En este libro te proveeré de los principios para la comunicación efectiva. ¡Son simples, y funcionan! ¡Si la forma en que te estás comunicando no está funcionando, qué pierdes probando este nuevo método? Si sientes que tu comunicación está funcionando, hagámosla aun más efectiva.

¿A propósito, qué eres tú? ¿Un colonizador o un inmigrante?

Habla mi lenguaje y yo te responderé.

Conclusiones.

1. ¿Has estado alguna vez en una situación en la que tuviste grandes problemas en comunicarte con alguien? ¿Qué sucedió? ¿Estaban hablando el mismo lenguaje?

2. ¿Has viajado alguna vez a un país extranjero? ¿Tuviste problemas en comunicarte? ¿Por qué o por qué no? ¿Fuiste un colonizador o un inmigrante?

3. ¿Qué harás esta semana con la información de este capítulo? Describe de qué manera tu comunicación será diferente.

DOS

El poder de escuchar

¡Los mejores comunicadores no dependen de sus bocas, sino dependen de sus ojos y de sus oídos! Así es, los más sobresalientes comunicadores son aquellos que escuchan. Seguro, esto tiene sentido, ¿pero qué de los ojos? Sí, quise decir ojos, porque tú escuchas tanto con tus ojos como con tus oídos (¡o deberías!). De hecho, ahora mismo estás escuchando con tus ojos y tal vez diciéndote las palabras a ti mismo. En nuestras conversaciones verbales también oímos con nuestros ojos así como con nuestros oídos. Pero discutiremos esto más adelante. Primero veamos algunos hechos.

> *Hecho*: ¡Hay pocos buenos oidores en el mundo hoy en día! La mayoría de nosotros sufre de un estado de sordera.

> *Hecho*: ¡Escuchar es un arte que puede ser aprendido!

Hecho: Muchas conversaciones hoy día no son más que diálogos de sordos.

Hecho: Hay razones corregibles por las cuales la gente lucha con el escuchar.

Hecho: Escuchar es un principio bíblico para vivir la vida al máximo.

Hecho: En una conversación, la persona que escucha tiene más control o poder que la persona que habla.

Sé uno de los pocos buenos oidores. Al aprender a escuchar, aprendemos a entender y a vivir la vida. Construimos nuestras relaciones preocupándonos lo suficiente al escuchar a la otra persona, y escuchar produce cambios en ambos, en la persona a la que se escucha así como al que escucha. Cuando escuchas a alguien, tú le envías a aquella persona el mensaje de que crees que él o ella tiene algo de valor que decir, que él o ella tiene valor. Es un acto de amor y preocupación. Escuchar nos ayuda a aventurarnos en la vida de otra persona. Si tú eres un buen oidor, más personas te invitarán a ser un invitado en sus vidas.

Tú puedes aprender a escuchar. Sí, escuchar es una habilidad que debe ser aprendida. Tu mente y oídos pueden ser enseñados a escuchar más claramente, tus ojos pueden ser enseñados a ver más claramente. Jesús dijo:

Por eso les hablo por parábolas: porque viendo no ven, y oyendo no oyen, ni entienden. De manera que se cumple en ellos la profecía de Isaías que dijo: De oído oiréis, y no entenderéis; Y viendo veréis, y no percibiréis; porque el corazón de este pueblo se ha engrosado, y con los oídos oyen pesadamente, y han cerrado sus ojos; para que no vean con los ojos, y oigan con los oídos, y con el corazón entiendan, y se conviertan, y yo los sane.

Mateo 13:13-15

Nuestro patrón de *cómo* debemos escuchar es muy sencillo y claro en las Escrituras.

> *"Al que responde palabra antes de oír, le es fatuidad y oprobio"*.

(Proverbios 18:13).

> *"...Todo hombre sea pronto para oír (un oidor listo)..."*

(Santiago 1:19).

Los oidores tienen más influencia. ¿Estás consciente de que el oidor controla la conversación, no el que habla? Probablemente no, siendo que la mayoría de nosotros opera bajo el mito de que mientras más hablamos, más influenciamos al oidor. Si ambas personas en una conversación creen esto, la conversación escala y se vuelve más intensa, lo cual es bastante triste, porque las palabras vuelan a través del aire sin un lugar en el cual aterrizar. ¡Prevalece la sordera!

¿Qué quiero decir con el hecho de que el oidor controla la conversación? Compare al oidor con el chofer de un carro. El que habla es como la máquina. La máquina provee el poder, pero la persona al volante tiene el poder de decidir a dónde debe ir el carro. Usted, el oidor puede dar la dirección y guiar el flujo de la conversación por los comentarios que haga y por las preguntas que formule.

Preguntas tales como la siguiente pueden guiar y dirigir:

"Ese es un pensamiento interesante. ¿Podrías decirme un poco más acerca de comó ....?"

"¿Quiere decir que ....?"

"Sí entiendo lo que estás diciendo ..."

Este último comentario es lo que se llama parafrasear. Anima a la persona que está hablando de manera que él o ella continúe hablando. Cuando concuerda verbalmente con el que habla, usted hace que la persona comparta aun más.

Otro pensamiento acerca del oidor. Algunas personas dicen: "Cuando yo escucho, parece hacer que la persona sólo hable, hable y hable. ¿Por qué? Tal vez lo haga inicialmente, pero si tú permaneces en perfecto silencio, creas tal tensión dentro de la persona que está hablando que la persona comienza a retroceder. Al no responder, le está dejando al otro individuo saber que usted ha terminado con su parte de la conversación. Sin embargo, no estoy abogando el uso del tratamiento del silencio, esa arma devastadora e injusta que con el tiempo corroerá una relación.

¿Por qué escuchar? ¿Por qué escuchas a otras personas? Es verdad, se nos ha enseñado a escuchar, se nos ha dicho que debemos escuchar, se no ha amonestado a escuchar, pero ¿por qué?

Hay cuatro razones básicas por las cuales escuchamos a otras personas:

1. Para comprender a la otra persona.

2. Para disfrutar a la otra persona.

3. Para aprender algo del que está hablando (¡tal como aprender su idioma!).

4. Para dar ayuda, asistencia, o confortar a la otra persona.

El mundo está hecho de muchos pseudooidores quienes se disfrazan como el producto verdadero. Pero cualquiera quien no ha escuchado por las razones arriba mencionadas no ha escuchado de verdad.

A menudo cuando escuchamos, tenemos motivaciones mezcladas. Nuestro propósito está lejos de llenar los requisitos de arriba. Puede que escuchemos también para:

Hacer que la gente piense que estamos interesados, de manera que les caigamos bien.
Determinar si es que somos aceptados o rechazados.
Ganar tiempo para prepararnos para nuestro próximo comentario.

Tratar de descubrir los puntos vulnerables de la otra persona.
Ver si es que estamos produciendo el efecto deseado.
A veces escuchamos a medias porque no sabemos como alejarnos sin ofender a la persona.

Obstáculos para escuchar

¿Has viajado alguna vez a algún lugar y de repente te has encontrado cara a cara con algún obstáculo en el camino? De repente descubriste que el camino para llegar a tu destino estaba bloqueado. Asimismo un número de obstáculos para escuchar puede prevenirnos de llegar a nuestro destino. Aquí hay alguno de ellos. ¡Piensa en la vez que experimentaste alguno de éstos y trata de recordar cómo ocurrió!

¿Alguna vez te *comparas* con la persona que está hablando? Tal vez has pensado, *oh, yo podría hacer eso mejor; él cree que a él le ha ido mal. Él debería oír mi historia: Yo soy más capaz de lo que él es.* ¡Cuando estás tan ocupado comparando, no es mucho lo que puedes escuchar! Piensa en una ocasión en que tal vez te compararías mientras escuchas a otra persona.

El obstáculo más común es *ensayar* lo que vas a decir. De hecho, algunas personas ensayan toda la conversación. Somos más dados a hacer esto cuando la otra persona dice algo que no queremos escuchar y formulamos nuestra defensa, o si el tema de la persona "golpea" una experiencia similar alojada en los bancos de nuestra memoria, y queremos nuestra oportunidad para compartirla.

El defenderse "barre" por completo el escuchar. Necesitamos aceptar lo que la otra persona dice sin necesariamente estar de acuerdo con ello.

Frecuentemente nos tornamos defensivos porque tememos ser criticados. Mientras nos mantengamos así, no nos podremos beneficiar de lo que la otra persona pueda decir que podría ayudarnos. El Libro de Proverbios ofrece algunas guías sobre este tema:

Pobreza y vergüenza tendrá el que menosprecia el consejo; mas el que guarda la corrección recibirá honra.

Proverbios 13:18

Aplica tu corazón a la enseñanza, y tus oídos a las palabras de sabiduría.

Proverbios 23:12

Como zarcillo de oro y joyel de oro fino es el que reprende al sabio que tiene oído dócil.

Proverbios 25:12

El que encubre sus pecados no prosperará; mas el que los confiesa y se aparta alcanzará misericordia.

Proverbios 28:13

Filtrar es otro término para *escuchar selectivamente*. Nosotros filtramos cuando rechazamos escuchar algo. Puede ser cualquier cosa que sea negativa, amenazante, crítica o no agradable. No registramos las palabras, y podemos jurar sobre un montón de Biblias que la otra persona nunca dijo lo que dice que dijo.

Actitudes o prejuicios que tenemos en contra de otros individuos bloquean nuestro escuchar. La gente que habla en cierto tono de voz, miembros de un grupo étnico o del sexo opuesto, gente que nos recuerda a alguien del pasado, pueden todos ser parte de la razón por la cual no queremos escuchar lo que se está diciendo. ¿A qué tipo de persona se te hace difícil escuchar, y por qué es así? A algunos se les hace fácil escuchar a una persona enojada que a una sarcástica; ciertos gestos y frases también pueden molestarnos *si es que así lo permitimos*. Algunas personas se distraen en su escuchar debido al sexo o la ocupación de la persona que habla. Nuestras expectativas de lo que un hombre comparte y no comparte y lo que una mujer debe o no debe compartir también nos influenciará.

Escucharemos mejor a aquellos que:
Están en una posición sobre nosotros.
Están en una posición de prestigio.
Están de acuerdo con nosotros.

Su *actitud hacia la vida* afectará tu oír. Algunos individuos escuchan con optimismo y otros con pesimismo.

¿Escuchas las buenas o las malas noticias? Ambos están ahí, pero tú puedes seleccionar lo que escuchas.

Otro gran obstáculo para escuchar de verdad es *leer la mente*. Es más, leer la mente puede meternos en problemas porque tendemos a creer lo que nosotros *pensamos* en lugar de lo que la otra persona dice. ¡En efecto, terminamos llamando a la persona mentirosa! Desconfiamos de lo que se ha compartido verbalmente y tratamos de descifrar lo que la otra persona *realmente* piensa o quiere decir. Los lectores de mentes hacen presunciones: *Él dice que le gusta la cena, pero tan sólo está siendo educado. A él realmente no le importa. Apuesto a que en realidad no le gusta lo que acabo de pintar. Se siente obligado.*

Cuando haces una presunción, tienes tres opciones: Puedes descartarla, puedes chequearla haciendo una pregunta, o dar la mayor posibilidad a la presunción opuesta tal como a la que sostienes.

Cuando te comprometes en escuchar selectivamente, también te comprometes a retener selectivamente. Recuerdas ciertos comentarios y situaciones y olvidas aquellos que rechazas. David Augsburger dice: "La memoria es el más grande editor de todos, y desecha los más grandes pedazos de información mientras que atesora bagatelas".[1]

Mejora tus habilidades de escuchar

Hemos visto como nosotros "desconectamos" a otros. ¿Cómo podemos "sintonizarlos" por el contrario? Cuando escuchas, una de las mejores maneras de responder es haciendo una pregunta de manera que obtengas más información sobre la cual decidir si es que lo que se dijo es verdad o no. "¿Podrías decirme un poco más?" "¿Podrías darme un ejemplo específico?" "¿Qué te gustaría que yo hiciera diferente?" O podrías decir: "Gracias por dejarme saber tu perspectiva. Voy a pensarlo", o, "Eso es interesante. No lo había considerado de esa manera. Tendré que pensarlo", o, "Lo que estás diciendo pueda que tenga algo de verdad. Dime un poco más". Estas afirmaciones pueden desarmar a la otra persona así como proveer más información.

¿Quisieras mejorar tus habilidades para escuchar? Permíteme compartir unas cuantas claves generales de cómo pulir tus habilidades para escuchar y superar los obstáculos para escuchar.

Escuche de manera activa. Manténgase vivo cuando escucha, no sea un cadáver. En escuchar activamente usted participa haciendo preguntas y dando retroalimentación. ¡Pero la clave es hacerlo en el idioma de la otra persona! Note cómo él o ella habla. Si él hace preguntas o da retroalimentación de manera abreviada, haga lo mismo. Si él da detalles y elabora con palabras descriptivas, haga lo mismo.

Cuando usted escucha activamente, haga tres cosas: parafrasee, aclare, y dé retroalimentación.

Parafrasear quiere decir que usted cita en sus propias palabras lo que cree que la otra persona ha dicho. Esto le ayuda a entender y saber lo que la otra persona quiere decir. También le ayuda a cortar los obstáculos para escuchar.

Tal vez esté pensando, *pero no soy un consejero. Eso es para lo que son entrenados.* Sin embargo cualquiera puede aprender a escuchar activamente. Es muy fácil. Cuando parafrasee, utilice guías tales como:

"Lo que te escucho decir es que ..."
"Déjame entender. Lo que tú estabas sintiendo era..."
"Sí escucho correctamente, estás diciendo que ..."
"Quieres decir que ..."

¿Qué sucede cuando haces esto? Hay seis beneficios específicos al parafrasear:

1. La persona que está hablando apreciará el ser escuchada por usted.

2. Esta técnica aminora el enojo y trae una sensación de calma a una discusión acalorada.

3. Elimina la falta de comunicación. Las correcciones se hacen al momento.

4. Recordará lo que fue dicho.

5. Es la mejor manera de eliminar los obstáculos para escuchar.

6. Emocionalmente se sentirá más calmado y sentirá más control durante estas interacciones.

Aclarar a menudo acompaña el parafrasear. Es muy sencillo. Sólo haces preguntas hasta que entiendas completamente lo que la otra persona quiere decir. Esto ayuda a escuchar lo específico en el contexto apropiado. Aclarar también permite que la otra persona sepa que tú estás con él e interesado en lo que él está diciendo.

Retroalimentación es compartir sus pensamientos y sentimientos en una forma no juzgadora. Su retroalimentación ayuda a la otra persona a entender el efecto de su comunicación. Durante la retroalimentación aplique estos principios bíblicos que vitalmente construyen relaciones.

"Manzana de oro con figuras de plata es la palabra dicha como conviene".

(Proverbios 25:11)

"La lengua apacible es árbol de vida; mas la perversidad de ella es quebrantamiento de espíritu ...El hombre se alegra con la respuesta de su boca; y la palabra a su tiempo, ¡cuán buena es!".

(Proverbios 15:4, 23)

"sino que siguiendo la verdad en amor ..."

(Efesios 4:15)

Cuando hablamos la verdad en amor nuestra relación es "cementada" mejor de lo que estaba antes. Esto toma sensibilidad y percepción.

Escuche con empatía. Esto quiere decir tanto importarle como ver la situación desde la perspectiva de la otra persona. Pueda que no le guste o esté de acuerdo con lo que se está diciendo, pero a medida que escucha usted se da cuenta de que si estuviera experimentando lo que esta persona está experimentando, si estuviera donde esta persona está, usted probablemente se sentiría de la misma manera. Romanos 12:15 dice que debemos gozarnos con los que se gozan y llorar con los que lloran. De esto se trata la empatía.

Escuche con apertura. Escuchar selectivamente, escuchar defensivamente y, filtrar lo que se escucha no denotan un escuchar amplio. Escuchar con apertura significa descubrir cómo el punto de vista de la otra persona tiene sentido para ti. ¿Cómo haces esto? Alguien ha sugerido que escuches como si fueses un antropólogo e imagines que la otra persona es alguien de otro planeta o país. Sus costumbres, creencias, y forma de pensar son diferentes de las suyas. Usted como el antropólogo está tratando de entenderlo todo. Esto quiere decir que usted debe escuchar todo lo que está siendo compartido, sin juzgar.

Escuchar alertamente. Esté alerta de lo que la otra persona dice y cómo se compara con los hechos. Esté alerta de si el mensaje de la otra persona es consistente o no. Ser consistente quiero decir: ¿combinan las palabras, tono, y lenguaje corporal? Si encuentra discrepancia entre cualquiera de los tres, pueda que usted no sepa realmente lo que la otra persona está diciendo. Va a encontrar más acerca de esto en los próximos capítulos.

¡Escuchar es uno de los regalos más grandes que puede usted darle a otra persona!

¡Al escuchar, usted puede influenciar la conversación y tener más impacto que si estuviera hablando!

¡Al escuchar, usted podrá aprender el lenguaje de la otra persona y así podrá comunicarse al máximo!

¡Al escuchar con sus oídos y sus ojos, usted será un oidor muy perceptivo!

Constructores de vitalidad

1. ¿Qué hechos de este capítulo aprendió acerca de escuchar? ¿Ha experimentado la realidad de ellos en su vida?

2. ¿Cómo ha sido usted un buen oidor en el pasado? ¿Dónde necesita mejorar? ¿Qué habilidades necesita aprender?

3. ¿Cuáles son las cuatro razones para escuchar? ¿Escucha con ellas en mente? ¿Ha escuchado a menudo con motivaciones mezcladas? ¿Necesita sintonizarse mejor con otros?

4. ¿Cuáles son algunos de los obstáculos para escuchar? ¿Cuáles han evitado que escuche lo que otros dicen? ¿Qué técnicas puede utilizar para combatirlos?

5. ¿Qué hará esta semana con la información en este capítulo? Describa cómo su comunicación será diferente.

Tres

Escuchando con sus ojos

Mi hijo Mateo me enseñó a escuchar con mis ojos. Yo no tenía otra opción. Aun hoy en día al acercarse a la edad de veinte años mi niño profundamente retardado mental aún sabe tan sólo unas pocas palabras, y aun esas tienen poco o ningún significado. Pero él es también un tremendo regalo de Dios, porque su presencia ha cambiado nuestras vidas. Hemos aprendido tanto de él.

Cuando Mateo vivió en casa, él no podía comunicar sus necesidades. Él agarraba nuestras manos y las ponía en su cabeza o frotaba su cabeza contra nosotros para mostrarnos que algo estaba mal. Aprendimos a leer los movimientos de su cuerpo y sus ojos para detectar cualquier muestra de actividad convulsiva. Con el tiempo, descubrí que yo también había comenzado a escuchar a mis clientes con mis ojos y escuchar lo que ellos no podían poner en palabras. ¡Estaba conviertiéndome en todo un oidor!

Usted también puede convertirse en todo un oidor.

De vez en cuando me encuentro con una pareja de casados quienes han hecho una cita para consejería y comienzan la sesión diciendo, "¡Nuestro problema es que nosotros no nos comunicamos!" De lo que ellos no se dan cuenta es que uno no puede "no comunicarse" con otros. Sus sentimientos y actitudes son compartidas aun sin decir una palabra. Una persona puede mentir verbalmente, pero es muy difícil decir una mentira no verbalmente. Si usted dice estar feliz o que nada está mal y se ve abatido, ¿qué debemos creer; lo que dice verbal o no verbalmente?

Comunicación no verbal

Usted se comunica no verbalmente en dos formas diferentes. Una es con los movimientos de su cuerpo, tales como gestos, su postura y su expresión facial. La segunda forma en la cual los no verbales se comunican es en relación al espacio. De cuánta distancia usted ponga entre usted y los otros conlleva un mensaje definitivo.

¿Sabía usted que los no verbales componen 55% de su mensaje cuando usted está en una conversación cara a cara con otra persona?

¿Está usted familiarizado con la palabra *congruencia*? Quiere decir "estar de acuerdo o coincidir". Cuando usted se comunica no verbalmente hay por lo general una congruencia a sus verbales. Ellos están de acuerdo el uno con el otro. Pero el problema ocurre cuando las palabras y los no verbales parecen estar en desacuerdo. Usted podrá decir, "Desearía que más personas me hablaran. Parece que ellos me ignoran. "Pero usted se sienta al final de los grupos, se hunde en su silla, cruza los brazos y evita el contacto visual. Su no verbal dice: "Ignórenme."

A fin de escuchar el mensaje que la otra persona le envía no verbalmente, usted necesita escuchar con sus ojos. Entonces podrá hacer cualquier ajuste necesario para poder comunicarse mejor con aquella persona. Si alguien afirma con la cabeza mientras usted le habla, ella podría estar diciendo, "Yo entiendo", "Estoy de acuerdo", o "Siga". Si ella levanta sus cejas, podría estar diciendo, "No sé sobre eso", o "Yo no sabía eso". Si ella se ve confundida, tal vez usted necesita dar más aclaraciones.

Expresión facial

¿Qué es lo que dice con su rostro? ¿Qué es lo que los otros dicen con sus rostros? Quite el volumen del televisor alguna noche y concéntrese en las expresiones faciales de los actores. Es más si tiene una videograbadora, grabe el programa al mismo tiempo y obsérvelo nuevamente, más tarde, con sonido, para ver si su percepción fue precisa. Hojee a través de algunas revistas y al hacerlo cubra los cuerpos de las personas y sólo mire sus rostros. ¿Qué es lo que le dice su expresión facial? ¿Qué intentan decir con sus rostros? Mientras más cubra del rostro, se le hará más difícil leer emociones y actitudes. Nuestro rostro es la parte más expresiva de nuestros cuerpos.

A veces no queremos que nuestro rostro exprese lo que estamos diciendo, e intentamos cubrirlo con nuestras expresiones. Por ejemplo puede que usemos nuestras manos para cubrir nuestra boca cuando decimos una mentira. Los niños, adolescentes, y adultos tienen su propia variación de cubrir sus mentiras. Un niño usualmente usa una o ambas manos para cubrir su boca inmediatamente después de haber dicho una mentira. Un adolescente lleva sus manos a su boca, pero en lugar de cubrir su boca, él frota sus dedos suavemente alrededor de ella. Los adultos refinan la técnica. Un adulto levanta su mano para cubrir su boca pero a menudo toca la parte posterior de su nariz en lugar de cubrir su boca. De hecho, mientras más envejece la persona, sus gestos se vuelven más sofisticados y menos obvios y, más difíciles de leerlos.

Extremidades no verbales

Nuestros gestos envían mensajes al oidor sensible. Algunas personas hablan bastante con sus manos. Yo soy una de esos, y mi hija a menudo me ha dicho que si me amarraran las manos detrás de mí, yo no podría hablar. ¡No creo que sería tan así, pero sí me he encontrado haciendo gestos aun cuando estoy hablando por teléfono!

Nos rascamos las cabezas cuando estamos confundidos o nos tocamos nuestras narices cuando estamos con dudas. Cuando queremos interrumpir, a menudo nos halamos una oreja. Una persona enojada o frustrada suele frotarse el cuello. Las manos son usadas para expresar pesar retorciéndolas. También las frotamos cuando hay un sentimiento de expectación. ¿Qué significan los siguientes no verbales?

Manos empuñadas
Brazos cruzados
Manos en las rodilla estando sentado
Manos en las caderas
Manos detrás de la espalda
Manos entrelazadas detrás de la cabeza
Manos en los bolsillos

Hablando en general, cada uno de éstos no verbales conlleva un mensaje específico, aunque van a presentarse excepciones. Manos empuñadas pueden ser una señal de enojo o tensión. ¿Qué sientes cuando empuñas tus manos? Manos en las caderas puede ser una señal de impaciencia. ¿Cómo muestras tu impaciencia? Manos detrás de la espalda pueden significar que una persona no está en control de sí mismo en ese momento. Manos cerradas detrás de la cabeza pueden indicar un estado de superioridad. Algunas personas ponen sus manos en los bolsillos para esconder su significado.

¡Brazos cruzados pueden indicar estar a la defensiva, y brazos extendidos hacia afuera y en frente con las palmas hacia arriba quieren decir sinceridad! ¿No es increíble cuánto tu cuerpo dice acerca de ti, sin que hayas dicho una palabra?

¿Ha estado alguna vez en una reunión y se ha aburrido? La mayoría de nosotros lo ha estado, ¿pero le ha dicho alguna vez al orador que estaba aburrido? Probablemente piensa, *¿Estás bromeando? Eso sería grosero. No haría eso de ninguna manera.* Sin embargo, es muy probable que todos nosotros le hayamos mostrado nuestro aburrimiento al orador. ¿Cómo? Una vez más, a través de nuestro lenguaje corporal. Cuando un oidor comienza a usar su mano para sostener su cabeza, es señal de que se está aburriendo. La mano nos mantiene la cabeza en alto y en algunos casos impide que nos quedemos dormidos. Si la cabeza está totalmente sostenida por la mano, el aburrimiento es intenso.

Si alguien golpea la mesa con sus dedos o zapatea sus pies mientras una persona está hablando, esto no indica aburrimiento pero sí impaciencia. Si la mano está en la mejilla, ya sea cerrada o con el dedo índice apuntando hacia arriba, la persona está evaluando lo que dice el que habla.

Hablando de la cabeza, mire la posición de la cabeza del que escucha. Si la cabeza de la persona está hacia arriba, él o ella tiene una actitud neutral acerca de lo que está escuchando. La cabeza usualmente se mantiene quieta, excepto por un pequeño y ocasional asentimiento. Si la cabeza se vira hacia un lado, indica que el interés se ha desarrollado. Si ve a alguien inclinar su cabeza e inclinarse hacia al frente con su mano en la barbilla, usted está comunicando el mensaje. Pero cuando la cabeza de una persona se inclina hacia abajo, puede indicar que su actitud es negativa y aun de juicio. ¡Si no logra que que el que escucha levante la cabeza, terminará con un problema de comunicación!

No tan sólo comunican su cabeza y sus manos, sino sus pies y piernas lo hacen también. Cuando se sienta a hablar con alguien y sus piernas están sin cruzar y ligeramente separadas, usted comunica una actitud de apertura. Si usted se sienta con las piernas separadas en una silla, puede usted enviar un mensaje de dominio. Si se sienta con una pierna sobre el brazo de la silla usted transmite un mensaje de indiferencia. Algunas personas se sientan con una pierna cruzada sobre la otra porque se siente cómodo, y lo han hecho por años. Sin embargo puede ser una señal de aburrimiento, enojo, o frustración; puede indicar estar cerrado al mensaje de la otra persona en ese momento. Cuando todas las extremidades no están cruzadas, conlleva acuerdo. La dirección de sus brazos y piernas indica la dirección en la cual usted se siente más interesado.

Usted podrá estar pensando, *yo no uso mucho mi cuerpo. Y de seguro yo no envío todos esos mensajes.* ¿Me permitiría sugerirle que pruebe un experimento? Cuéntele una historia o experiencia a alguien, pero propóngase de antemano no mover su cuerpo ni usar ningún gesto. Esto va a tomar una concentración intensa y esfuerzo. Después de varios minutos en la historia, comience a usar su cuerpo. Luego de haber terminado, analice cómo se sintió cuando no podía usar sus gestos. Pregúntele a la otra persona qué escuchó de usted y cómo se sintió cuando usted no estaba utilizando sus gestos. Pregúntele qué significaron los gestos cuando los utilizó.

La experiencia ideal sería tener a alguien que lo filmara a usted en un videocasete mientras usted le habla a un grupo o a otra persona. Mire el video sin el sonido primero; luego póngale sonido. ¿Qué aprendió acerca de usted y la forma en que se comunica?

Distancia no verbal

También nos comunicamos por la distancia que nos separa de otra persona, estemos parados o sentados. Seguramente habrás experimentado la dificultad de haber tenido un discusión con un miembro de la familia y la persona se ha movido y sentado lo más lejos de ti que le ha sido posible. O una pareja joven enamorada tiene una pequeña disputa, y ella se cambia al otro lado del sofá en lugar de sentarse sobre sus piernas. Estos son bastante obvios. El Antropólogo Edward T. Hall describe cuatro zonas diferentes que la gente utiliza cuando interactúan con otros. Usamos éstas inconscientemente. La mayoría de nosotros no piensa: "Yo necesito pararme a dos pies y medio de esta persona y a un pie y medio de esta otro y pararme a ocho pies de ese individuo", sólo hacemos lo que se siente cómodo.

Distancia íntima es bastante cerca, usualmente de seis a dieciocho pulgadas del cuerpo de la otra persona. Esta es la distancia utilizada por amigos íntimos, aquellos que están enamorados, niños colgándose de sus amigos o padres. Aquellos que no son íntimos usualmente se sienten incómodos estando tan cerca de otra persona. Imagínate a ti mismo entrando a un ascensor muy lleno. Cada uno ahí permanece muy consciente de no tocar al otro. ¿Entran las personas en el elevador en contacto visual? Usualmente no. Lo evitan. Debe mantenerse a una distancia íntima para ir a donde vas, pero a penas unos cuantos salen del ascensor, aquellos que todavía quedan se dispersan. Para sacudir a la gente, entra a un ascensor en algún momento y no te voltees. Permanece de frente al grupo, y mira a algunos de ellos a los ojos. Realmente los vas a hacer sentirse incómodos a menos que alivies su ansiedad con una acotación como: "Se preguntan por qué los he llamado aquí hoy día", o "¿Es ésta la fila para el baño de los hombres?"

La distancia personal es de 1 y 1½ a 2½ pies, y es una distancia muy cómoda para conversaciones. Puedes hablar con amigos o extraños a esta distancia en una reunión y sentirse muy cómodo.

Hace algunos años atrás en el seminario en el cual enseño, tuve a un estudiante quien fue criado en Chile. Sus padres eran misioneros, y vivió ahí casi la mayor parte de su vida. En mi primer encuentro con él me sentí un poco incómodo, puesto que él vino y se paró muy cerca de mí. Inconscientemente comencé a poner cierta distancia entre nosotros retrocediendo un poquito, pero él se acercó más. Finalmente se dio cuenta de lo que estaba sucediendo y compartió conmigo que la gente en su país tienen distancias diferentes de las que tenemos aquí (en Estados Unidos de Norteamérica). Allá la costumbre es de hablar con alguien a una distancia muy cercana. Él también explicó que encontraba que la mayoría de los norteamericanos no podían manejar esto, debido a nuestro entrenamiento y cultura. Esta es la razón por la cual muchos latinos sienten que los americanos son estirados, y algunos americanos sienten que los latinos son agresivos e insistentes.

Luego que este estudiante me dijo eso, ya yo no retrocedí más cuando hablamos juntos. Comprendí que su zona personal era mucho más cercana, así que acepté su distancia y me sentí cómodo con ello. Este joven se fue de la escuela y fue a formar parte del personal de una iglesia. Lo vi varios años después, y recordando sus antecedentes culturales, fui a saludarlo y comenzamos a conversar. A propósito me paré muy cerca de él, cara a cara, y noté que empezó a retroceder un poquito. Luego se dio cuenta de ello, y ambos nos reímos. Él se había americanizado, y yo lo había amenazado con mi acercamiento latino. Gradualmente él había aceptado la distancia americana. Ahora ambos podíamos cambiar a cualquiera de las dos formas, lo cual nos dio gran flexibilidad y comodidad al hablar.

La distancia social es de cuatro a siete pies. Usamos esto al hablar con clientes o tal vez alguien tratando de vendernos algo o arreglar algo para nosotros. Los supervisores, gerentes o presidentes de compañías utilizan una distancia mayor para transmitir o demostrar su posición de importancia. A menudo ellos también se sentarán, mientras la otra persona está de pie para transmitir su posición.

La distancia pública es de doce a veinte pies y es utilizada para reuniones formales. A esta distancia se muestra poca intimidad.

Recuerda, estas zonas sí varían entre cultura y cultura y aun de un grupo a otro grupo. Las clasificaciones del doctor Hall son generales, también, y habrá muchas excepciones.

Sin embargo la distancia de la cual te coloques de alguien sí conlleva un mensaje. ¿Estás consciente del que envías o recibes? ¿Es tu distancia consistente con la relación? ¡Observa! ¡Escucha con tus ojos!

Recuerda:

> **"El oído que oye, y el ojo que ve, ambas cosas ha hecho Jehová" (Proverbios 20:12).**

> **Habla mi idioma y yo te responderé.**

> **Escuchar es uno de los más grandes regalos que puedes darle a otra persona.**

> **La persona que escucha tiene más poder o control sobre una conversación que la persona que habla.**

> **Sé un escuchador completo escuchando con tus ojos así como con tus oídos. Observa el rostro de la persona, brazos, manos y cabeza. ¡Observa tu distancia! ¡Esto también contiene un mensaje!**

Constructores de vitalidad

1. ¿Cómo puedes escuchar con tus ojos? ¿Has cerrado alguna vez tus ojos y escuchado a una persona hablar? ¿Le entendiste tan bien como hubieras entendido si hubieras visto sus facciones faciales y movimientos corporales?

2. ¿Cuáles son algunas pistas no verbales que el que habla puede darte? Nombre algunas formas en que una persona puede indicar que sus palabras realmente no dicen lo que ésta piensa. ¿Cómo puede ésta expresar aburrimiento? ¿Enojo? ¿Perplejidad?

3. ¿Te has sentido incómodo alguna vez acerca de tu relación de espacio con otra persona? ¿Si es así, por qué? ¿Con quién te sientes cómodo con una distancia íntima? ¿Distancia personal? ¿Distancia social? ¿Cómo reaccionas si la distancia no te parece correcta?

4. ¿Qué vas a hacer esta semana con la información en este capítulo? Describe cómo tu comunicación será diferente.

Cuatro

¿Qué estás tratando de decir?
¿Cómo lo dices?

Estás en una reunión social con un grupo de amigos, y estás escuchando a un recién llegado hablar y hablar. Durante un intervalo en la conversación, dos de ustedes se excusan, y al alejarte tú dices: "¿Entendiste lo que el estaba tratando de decir?" Tu amigo responde con una sonrisa, "¡No. Ni siquiera estoy seguro de que *él sabía* lo que estaba tratando de decir!"

¿Un incidente frecuente? ¡No! Muchas personas hablan sin estar absolutamente seguros de lo que quieren comunicar. Su propósito es obscuro, y su presentación deja al que escucha confundido y perplejo. Yo he experimentado ambos lados de este problema. Ocasionalmente me he preguntado qué es lo que el otro individuo o persona que habla está tratando de comunicar, y en ocasiones he hecho que otros se pregunten qué es lo que yo realmente quiero decir.

Reglas para una clara comunicación

Sin embargo, seguir unos cuantos principios básicos nos permitirá ser comunicadores claros y consistentes.

1. Conoce cuando algo necesita ser dicho y dilo directamente. Esto quiere decir que tú no supones que las otras personas saben lo que piensas, sientes, quieres, o necesitas. Ellos no son lectores de mentes. La comunicación debe ser clara y directa. Por último, asuma que la otra persona conoce muy poco acerca de lo que vas a decir y que necesitas ser muy claro. Ninguno de nosotros puede asistir a una escuela para leer la mente. Todos nosotros fallamos en ser clarividentes. He escuchado a la gente decir: "Hemos estado casados por veinte años. ¿Por qué debo decirle a ella que ...? "El debería saber cuánto duele eso ..." O, "Fue tan obvio. ¿Por qué tendría alguien que expresarlo?" ¿Obvio para quién? Claramente no para la otra parte.

Comunicarse directamente significa que no hacemos suposiciones, tú no insinúas, no hablas desviadamente, no pasas por otras personas a fin de comunicar tu mensaje. Todos estos acercamientos llevan a distorsiones. Uno de mis ejemplos favoritos es el de una mujer quien trató de comunicar algo a su marido haciendo comentarios generalizados acerca de lo que "todos" pensaban o sentían. Su marido a menudo se quedaba fuera hasta tarde, y ella se sentía irritada. Pero ella no quería ser tan directa sobre sus emociones.

Un día le dijo: "Algunas esposas se enojarían de que el esposo se quede fuera hasta tan tarde en la noche".

"¿Estás enojada o algo así?" preguntó él.

"Oh, no. No lo estoy", dijo ella. "Pero algunas mujeres lo estarían".

Esta mujer se puso a sí misma en una posición de negar sus propios pensamientos, sentimientos e intenciones. Cuando eres directo, hablas la verdad especificando tus necesidades reales y sentimientos. Cuando haces preguntas, haces preguntas reales. ¿Cómo pueden las preguntas ser falsas?

Fácilmente. Si haces una pregunta, deseando sólo un tipo de respuesta, ¡eso se convierte en algo deliberado! Cuando tú preguntas, la otra persona debe tener la libertad de dar su propia respuesta honesta, sin importar como reacciones. ¡Si tú no quieres escuchar una respuesta, no hagas la pregunta!

Si te sientes enojado acerca de algo, tú no dices que estás cansado. Si no quieres ir a una reunión social, tú lo dices en lugar de decir: "Oh, no sé. Supongo que podría ir por un rato...". Al no ser completamente amplios, creamos falsas impresiones, descubrimos que nuestras necesidades no están siendo llenadas, tal vez nos protegemos a nosotros mismos, pero a la larga creamos distancia entre nosotros y las otras personas.

Cuando estoy confundido acerca del mensaje de una persona hacia mí, ahora yo respondo, "¿Qué estás diciendo? Quisiera estar seguro de que te entiendo". Esto pone más responsabilidad en la persona, de ser clara . A veces tengo que repetir esto dos o tres veces para sacar la intención real. Crear una atmósfera de comodidad que ayude a la otra persona a compartir es uno de los papeles más importantes del oidor.

Pregunta: ¿Por qué estoy diciendo esto? ¿Qué es lo que yo quiero decir?
¿Qué quiero que la otra persona escuche?

2. Manténte alerta de la importancia del tiempo. Proverbios 15:23 dice:"*Y la palabra en su tiempo, ¡cuán buena es!*". La mayoría de las emociones deben ser compartidas en el momento en que las experimentas, porque el retraso las distorsiona. Cuando respondes inmediatamente, le permites al otro individuo saber lo que sientes y lo que tú necesitas. Por ejemplo, en una conversación lo que pueda ser importante para ti pueda no tener significado para la otra persona. Por lo tanto, ¡posponer su respuesta podría permitirle a la otra persona olvidarse completamente acerca de lo que él o ella dijo! Entonces cuando lo menciones más adelante, esa persona se preguntará de qué estás hablando y tú te preguntarás, ¿por qué la persona es tan insensible en no recordar?

Necesitamos también dar una respuesta inmediata para minimizar nuestra propia distorsión. *¿Qué quieres decir con mi propia distorsión?* Tú has de estar sintiendo o pensado: ¡*Yo no distorsiono!* La mayoría de nosotros no estamos conscientes de la manera en que distorsionamos mensajes, pero todos lo hacemos a veces. ¿Por qué distorsionamos? ¡*Porque lo que vemos y lo que escuchamos es a menudo confuso o es afectado por lo que pensamos y sentimos!*

Eso es correcto. Los sentimientos que experimentamos así como nuestros pensamiento inmediatos o aun previos pueden distorsionar lo que asimilamos a través de nuestros ojos y oídos. Para evitar confusión, ahora yo me pregunto, *¿Qué he estado pensando acerca de esta persona o situación? ¿Son mis pensamientos válidos en este momento? ¿Qué estoy sintiendo ahora?* Al hacerme a mí mismo estas preguntas mientras estamos aun comunicándonos, me doy la oportunidad de aclarar el punto de vista de la otra persona. Tal vez yo necesito hacerle una pregunta a la persona o compartir lo mismo que ella hizo otra vez. Al mismo tiempo al usar una respuesta inmediata, también pospongo mi reacción lo suficiente como para captar verdaderamente el significado de lo que la otra persona quiere comunicar.

Pregunta: ¿Qué estática interfiere con su comunicación? Sus sentimientos, pensamientos, estado físico, etc.? ¡Descubra esto y tome una acción correctiva y su comunicación mejorará!

3. *Asegurarte de saber exactamente qué vas a decir y dilo.* Cuando hablas con otra persona, ¿quieres compartir tus *sentimientos, necesidades, pensamientos u observaciones?* ¿O compartes los cuatro? A veces los mezclamos y hacemos correr éstos juntos, perdiendo así la claridad.

Cuando tú compartes tu pensamiento, tú le ofreces tus conclusiones, tus observaciones, tus juicios de valor, o creencias y opiniones a la otra persona. ¿Cómo los estableces?

¿Lo haces de tal manera que otros entiendan, quieran continuar escuchando, estén interesados? ¿Acaso indicas alguna vez que lo que estás compartiendo es un pensamiento en comparación con un sentimiento?

Cuando tú compartes una observación, tú hablas como un científico o un detective de policía o aun un reparador de refrigeradores. No hay especulaciones ni conclusiones. ¡Tú compartes los hechos! "Yo he vivido en Long Beach por dieciocho años" es una observación estrictamente basada en hechos. "Yo pienso que podría terminar viviendo aquí por otros diez años, si es que los planes continúan tal como son" es un pensamiento basado en alguna información que no haya compartido con usted.

Los pensamientos y conclusiones son relativamente fáciles de compartir. Los sentimientos son más difíciles. ¿Por qué? Porque nuestros sentimientos pueden ser una amenaza. La otra persona podría no querer escuchar acerca de mi enojo, tristeza, depresión, aflicción, o alegría. Muchas personas no entienden sobre sentimientos, así que desde su punto de vista yo estaría hablando en un lenguaje extranjero. De hecho, ¡algunas personas en nuestra sociedad han crecido emocionalmente imposibilitados! No tienen ninguna conciencia de los sentimientos y ningún vocabulario para expresar sus sentimientos. Pero si tú alguna vez quieres que haya una verdadera y profunda intimidad en una relación, *debes* compartir tus emociones. Sí, las afirmaciones de sentimientos son riesgosas, pero las recompensas potenciales valen la pena. Realmente es bastante fácil expresarlas.

Tú puedes describir tus sentimientos verbalmente de cuatro maneras:

1. Identifica o nombra el sentimiento. "Me siento enojado". "Me siento triste". "Me siento bien acerca de ti".

2. Usa símiles y metáforas. No siempre tenemos suficientes etiquetas para describir nuestras emociones, así que a veces inventamos símiles y metáforas para describir sentimientos. "Me siento como una brisa fresca soplando entre el viento". "Me sentí tan mal que hubieras pensado que una manada de elefantes me atropelló durante la noche".

3. Reporta el momento de la respuesta o la acción que tus sentimientos te instaron hacer. "En ese momento sentí ganas de abrazarte". "Esa noche estaba tan mal que quise tirarte el plato de comida sobre tu regazo".

4. Usa figuras literarias, tales como "Hoy me está sonriendo el sol". "Ayer me sentía como si una nube obscura me estuviera siguiendo".

¿Cómo compartes tus necesidades? ¿Lo haces conscientemente? Sólo tú puedes decir cuáles son tus necesidades y deseos y comunicárselos a otros. Para que ellos puedan saber, deben escucharlo. ¡Las personas no son clarividentes! Si crees que lo son, ¡prepárate para decepcionarte y enojarte! Cuando sientes que lo deben ser, si es que decides compartir tu necesidad, probablemente se entenderá como una demanda a la cual la gente se resistirá. Por el contrario expresa tus necesidades en un tono de voz agradable, con claridad, y sin culpa ni juicio. Las necesidades son tan sólo peticiones sencillas de lo que te ayudaría o te agradaría.

La gente se preguntará cuál es tu propósito y cuáles tus intenciones, ya sea que compartas una necesidad, sentimiento, observación, o pensamiento. Permíteles saber tus intenciones, y tu comunicación comenzará a dar resultados.

La mujer: "Mi amor, realmente quiero terminar con esta discusión".

El marido: "Yo no lo sabía. Pensé que estabas demasiado molesta para detenerte. Me parece bien —a mí también me gustaría llegar a una conclusión".

Documenta lo que dices con hechos, o si estás haciendo una observación acerca de otra persona, utiliza algo de información que describa el comportamiento.

"Creo que estás alegre. Veo una sonrisa en tu rostro, y tu voz me suena bien".

"Me pregunto si te sientes bien. Parece que hoy te mueves más lentamente. Tu boca se ve medio decaída y tu voz suena medio opaca. ¿Crees que te puedes estar resfriando?"

"Tu tono de voz me da la impresión de que estás enojado por algo. ¿En qué estás pensando?"

"Estoy un poco preocupado. Estás frunciendo ceño y no estoy segura de lo que eso significa. No lo entiendes, o ¿no estás de acuerdo? Me ayudaría si me dices lo que significa tu ceño fruncido".

Sabiendo lo que vas a decir y diciéndolo, ¡vas a evitar una comunicación torpe! Cuando no estás en armonía con tus propias palabras, tiendes a dar mensajes parciales. Eso es una especie de trampa porque crea una impresión falsa para el que escucha. Los autores del libro *Mensajes* (i) hablan acerca de cuán importante es mantenerse en armonía y enviar mensajes completos.

> Los mensajes completos incluyen las cuatro clases de expresiones: lo que ves, piensas, sientes, y necesitas. Las relaciones íntimas prosperan sobre mensajes completos. Tu mejor amigo, tu compañero, y tu familia no pueden conocer al verdadero tú a menos que compartas tus experiencias. Eso significa no dejar nada afuera sin cubrir tu enojo, ni apabullando tus deseos. Quiere decir dar retroalimentación precisa acerca de lo que observas, citando claramente tus inferencias y conclusiones, diciendo cómo te hace

sentir, y haciendo peticiones o sugerencias directas si necesitas algo o ves posibilidades para cambio.

Se llama un mensaje parcial, cuando dejas algo fuera. Los mensajes parciales crean confusión y falta de confianza. La gente siente que algo está faltando, pero ellos no saben qué es. Pierden el interés cuando escuchan juicios mitigados por tus sentimientos y esperanzas. Se resisten a escuchar enojo que no incluye la historia de tu frustración o dolor. Se sienten incómodos con demandas crecientes que se producen de sentimientos no expresados y suposiciones.[1]

Por supuesto en algunas situaciones no expresas las cuatro, pero tu comunicación aún funciona efectivamente. Tú no compartes mensajes con él que te atiende en la estación de gasolina o el empleado del supermercado. A menudo cuando hablamos con amigos, algunas conversaciones son simplemente informales. Pero si dejamos fuera una parte que tiene significado, sólo nos hemos comunicado parcialmente.

Preguntas: Cuando compartes, ¿estás compartiendo lo que es un hecho en sí basado en lo que sabes por lo que has leído, oído u observado?
¿Has etiquetado e identificado tus conclusiones?
¿Has expresado tus sentimientos en una forma que otros puedan comprenderlos y aceptarlos?
¿Compartes tus necesidades como peticiones y no como demandas?
¿Estás dando mensajes parciales o completos?

Tal vez estés pensando que la comunicación es bastante trabajo. ¡Sí y no! Sí, al comienzo lo es, hasta que estos principios se vuelven un patrón normal para ti, pero a medida que se desarrolle tu sensibilidad, se vuelve cada vez más fácil.

Comunicación más allá de las palabras

Hasta aquí he hablado acerca de expresar claramente lo que quieres y deseas decir en el momento propicio. ¡Ahora quisiera considerar los elementos que conforman tu paralenguaje! (i) Cuando tú hablas con un amigo, un compañero de trabajo, o un miembro de la familia, realmente no dependes sólo de palabras para establecer tu opinión. En realidad dependes más del componente vocal de tu comunicación. Esto incluye su tono, el subir o bajar tu voz. También incluye la resonancia. Durante los últimos dos años he estado tomando clases de trompeta con un excelente joven maestro. Él está detrás de mí para que ¡"haga el sonido más sonoro! ¡"Haz que suene!" De vez en cuando lo hace, y yo me siento muy bien cuando esto sucede. Mi profesor está hablando de resonancia. En una conversación se refiere a la sonoridad o debilidad de nuestras voces. Éstas pueden ser débiles y altas o graves y llenas. Con práctica tú puedes controlar tanto el tono como la resonancia.

Paralenguaje incluye tu articulación —como enuncias tus palabras. Tú puedes estar tan relajado en tu conversación que algunas de tus palabras se pronuncian indistintamente, o pueda que hables con tanta precisión que cada palabra suene como si ha sido mordida y disparada por una pistola.

El temple o velocidad de tus palabras también forman parte de tu paralenguaje. Este factor refleja tu actitud y emociones. ¿Recuerdas alguna vez que escuchaste a alguien hablar rápidamente? ¿Qué mensaje comunicó él? A menudo es emoción. Tales personas pueden ser bastante persuasivas, pero si su conversación es demasiado rápida nos podemos comenzar a sentir un poco incómodos. Hablar demasiado rápido en una conversación normal, puede ser señal de inseguridad. Por otro lado, una persona que habla muy lentamente y deliberadamente pueda que refleje ya sea indiferencia o educación cultural. Las personas criadas en el campo tienden a hablar más lentamente que aquellos que provienen de grandes ciudades.

El volumen es otro elemento en paralenguaje. Lo alto de la voz refleja el entusiasmo y confianza, agresividad, o como en algunos discursos y sermones, puede indicar que el orador tiene un punto débil en su presentación y quiere esconderlo hablando más fuertemente. Una voz suave puede comunicar preocupación, comprensión, empatía, intimidad o falta de confianza.

Finalmente, el ritmo enfatiza ciertas palabras en una oración. Si yo preguntara: "¿Vas a salir esta noche?" esa es una pregunta sencilla puesto que todas las palabras se parecen. Pero nota lo que sucede cuando cambio el énfasis, "*¿Vas* (i) a salir esta noche?" o "*¿Vas* a salir esta *noche* (i)?" Si mi secretaria llega tarde y se disculpa y yo digo, "Está bien, sólo son las nueve y media", mi respuesta parece razonable y directa. Pero si cambio tan sólo una palabra, cambio el significado y revelo mucho más acerca de mis emociones. "Sólo(i) son las nueve y media" tiene un mensaje diferente. Si, luego de hacer una petición, tú me dices: "Espera sólo un minuto", y das igual énfasis a cada palabra, haces una petición. Pero si la palabra *sólo* (i) o *minuto* (i) es enfatizada, puedes comunicar irritación o incomodidad.

A menudo no usamos sólo un elemento o paralenguaje por si sólo sino que los unificamos para comunicar muchos significados variados.

Escucho más paralenguaje que palabras en sí, y, espero que tú también. ¿Por qué? Porque a través de esto las personas comparten sus temperamentos y actitudes. En esta manera se revela más acerca de una persona y de lo que siente que por sus palabras solamente. Cuando veas una película o programa de TV, cierra tus ojos y escucha el tono, la resonancia, articulación, tiempo, volumen, y ritmo. El mensaje está ahí. *¿Qué te dice?*

¿Has visto algunas de las películas actuales que tienen robots que hablan? Su vocabulario es monótono, porque no cambia. Unas pocas personas hablan de la misma manera. No varían su tono, resonancia, volumen, tiempo o ritmo. Cuando los escuchamos nos preguntamos: *¿Están aburridos con la vida o con ellos mismos o qué?* ¡Ves, tu paralenguaje a menudo refleja tu personalidad! Le dice a otros quién eres y aun qué tienes para ofrecer.

A través de los últimos años, he sugerido el siguiente ejercicio a cientos de personas. Graba la conversación de tu familia alrededor de la cena por una semana y luego escucha las conversaciones. El valor es tremendo. No tan sólo tienes la oportunidad de escuchar la interacción entre los miembros de la familia, las palabras que se usan, las interrupciones, pero comienzas a tomar consciencia de tu paralenguaje.[2]

¿Está reflejando tu voz lo que quieres decir? ¿Hay consistencia entre tus palabras y tu voz? ¿Qué es lo que te gusta acerca de tu voz? ¿Qué no te gusta de tu voz?

Ahora resumamos estos cuatro capítulos. ¿Qué he dicho yo y que has escuchado tú? Revisemos:

Habla el Lenguaje de la otra persona.

Escuchar es uno de los mas grandes regalos que le puedes dar a una persona.

Al escuchar, podrás aprender el lenguaje de la otra persona.

Sé un oidor completo escuchando con tus ojos así como con tus oídos.

Ten consciencia de lo que quieres decir y cómo suena. Recuerda que lo que ves y lo que escuchas a menudo es confuso o es afectado por lo que piensas y sientes en tu interior.

Comparte mensajes completos para evitar comunicar torpezas o cosas engañosas.

Escucha tu paralenguaje y el de otra persona. Los sentimientos y las actitudes son compartidos de esta forma.

Constructores de vitalidad

1.   ¿Cuáles son las reglas para la comunicación clara? ¿Cómo lo has utilizado en tu comunicación? ¿En cuáles necesitas trabajar?

2.   ¿Cómo pueden los sentimientos complicar la comunicación? Cuando te comunicas, ¿compartes tus sentimientos, necesidades, pensamientos, u observaciones? ¿Cómo influye esto en la forma en que te comunicas? ¿Y en la forma en que otros te entienden?

3.   ¿Has dado mensajes incompletos a otros? ¿Cuándo? ¿Has dado mensajes incompletos cuando deberías haber comunicado mensajes completos? ¿Qué sucedió? ¿Has recibido mensajes incompletos de otros? ¿Qué te hubiera ayudado a entenderlos mejor?

4.   ¿Qué significa tener comunicación más allá de las palabras? ¿Qué es paralenguaje? Describe tu propio paralenguaje: ¿Cómo enuncias tus palabras? ¿Con qué tiempo hablas? ¿Cuál es el volumen normal de tu voz al hablar? ¿Es fácil para ti variar éstos? ¿Han comentado alguna vez los otros sobre esto?

5.   ¿Qué vas a hacer esta semana con la información de este capítulo? Describe de qué manera variará tu comunicación.

Cinco

Hable el lenguaje de la otra persona

Un martes por la tarde esperaba a mis siguientes clientes, una pareja joven a quienes nunca antes había conocido y quienes venían para tener su primera sesión de consejería prematrimonial. Esperaba ansiosamente el desafío de trabajar con ellos, pues creo firmemente en la efectividad y el valor de la preparación prematrimonial. Mientras caminaba por la sala de espera, un terapista nuevo de mi personal me detuvo y me dijo: "Norm, veo que tienes una pareja nueva que viene a las dos en punto, y, vienen para consejería prematrimonial. Nunca he tenido la oportunidad de conducir una reunión de esas todavía, ni tengo tampoco mucho preparación escolar en ello. ¿Qué es lo que tratas de lograr en la primera sesión?

Al principio pensé en compartir los ocho tópicos que trato de cubrir, pero luego decidí un acercamiento diferente. "Sabes,

John", respondí, "realmente no importa si veo a un individuo, una pareja de casados, o una pareja comprometida. En la primera sesión, entre otras cosas, trato de aprender su lenguaje y lo hablo. Una vez que hago esto, estamos en camino. Bueno, ya están aquí. Te veo luego, John".

Al voltearme a saludar a la pareja y guiarlos a mi oficina, John se quedó parado ahí con un mirada extraña en su rostro confuso por lo que había acabado de escuchar.

Estableciendo comunicación

Luego de las presentaciones preliminares, Jan, Bill y yo nos lanzamos a tratar sobre nuestros tópicos. Esta pareja joven, alerta y anhelante quería construir un matrimonio duradero, que los llenara y permitiera la realización de ambos, y que reflejara su compromiso cristiano.

Como a la mitad de la sesión, me detuve, miré a ambos y les dije: "Creo que es hora de tirarles una bomba de tiempo, antes de seguir avanzando". Hice una pausa, notando que tenía definitivamente su atención. Ellos se miraron entre sí, luego me miraron a mí. Yo continué, "Sería un descuidado si no compartiera esto con ustedes desde el comienzo de nuestro tiempo juntos. La persona sentada frente a ti —con quien estás a punto de casarte—. Mira a ese individuo ahora mismo, por favor". Ellos se voltearon y se miraron entre sí, con expresiones confusas.

"Sólo quiero que recuerden", continué, "que esa persona es un extranjero. ¡Ustedes van a casarse con un extranjero!"

Hice una pausa permitiendo que mi declaración les penetrara. Ellos me miraron, mirándose luego entre sí. Jan levantó sus cejas al enfrentarse a Bill. Bill se volvió hacia mí y dijo: "¿De qué está hablando, casarse con un extranjero? Yo respondí, "Sí, te vas a casar con una extranjera. ¡Eso es todo!"

Bill miró a Jan y luego a mí. "¿Qué quieres decir con casarme con una extranjera? Ambos somos de este país. "Su voz tomó un tono incisivo. "Es más, ¡no podríamos estar mejor complementados o ser más parecidos! Ambos nacimos y fuimos criados en California; ambos somos blancos; nuestros padres nacieron y crecieron en este país, y también nuestros abuelos. ¿Cómo es eso de que somos extranjeros?"

Me reí un poco y dije: "Bueno, esto es como un choque para la mayoría de las parejas, y yo comparto esto con casi todos aquellos con quienes trabajo ahora. Tú y Jan *son* similares. Pero ambos fueron criados en hogares diferentes con padres diferentes, familias diferentes, experiencias, y de hecho una cultura diferente. Pueden comer las mismas clases de comida, pero preparadas en forma diferente. Ustedes tienen costumbres, rituales, y valores diferentes en su familia, y cada uno de ustedes aprendió un lenguaje diferente. Si quieren tener la clase de matrimonio que me acaban de describir, su más grande tarea será aprender acerca de la cultura de la otra persona, para desarrollar la flexibilidad para poder estar cómodo con cualquiera de los dos tipos de costumbres, y sobre todo, ¡aprender el lenguaje de su pareja de manera que ambos puedan hablarlo!"

Jan dijo suavemente: "Quiere decir que Bill y yo, aunque hemos estado juntos por tres años, necesitamos aprender aún mucho más acerca de la comunicación y cómo hablar entre nosotros. Hmmmm. Sabes, me he sentido así a veces. En ocasiones he sentido que Bill y yo estábamos algo así como fuera de tacto el uno con el otro, aunque hemos hablado bastante y compartido. Hablamos y hablamos, y entonces cada uno de nosotros parece entender lo que la otra persona estaba compartiendo, pero más tarde he sentido como si no hubiésemos hablado nada en absoluto. Él no entendió lo que yo estaba diciendo. En otras ocasiones a él se le hace difícil entenderme y no sé por qué".

"Jan", dije: "ahora mismo estás sintiendo y compartiendo algo por lo cual muchos individuos se sienten perplejos durante muchos años de matrimonio. Bill: ¿Qué piensas acerca de esto?"

Bill sonrió levemente. "Sí, veo a dónde quieres llegar. Jan y yo hablamos bastante, pero a veces me pregunto por qué ella no entiende mi perspectiva. Yo expreso mi punto de vista, pero por las preguntas que ella hace, es como si nunca me hubiese escuchado. Así que trato de explicar nuevamente. De hecho, a veces pienso que hablamos de más acerca de ciertas cosas. Me gusta hablar claro, simple y directo al grano, pero tendemos a seguir y —"

Jan interrumpió: "Bill, la razón por la que hablamos y hablamos a veces es porque tú no pareces entender lo que yo estoy sintiendo. Yo necesito estar segura de que tú me entiendes, de manera que no hayan malentendidos".

"Jan", dije: "es importante para ti que Bill entienda tus sentimientos, ¿verdad? Bill, tú quieres que Jan entienda tu perspectiva y la vea a tu manera, ¿correcto? Ambos asintieron". "¿Podría ser que algunas de las palabras que están usando no están en el vocabulario de la otra persona?"

Jan respondió primero. "Tal vez eso es lo que está ocurriendo". Ella pensó por un minuto y luego continuó suavemente, "Ahora que estamos hablando de esto, me he dado cuenta de algo más. Siento que hemos progresado más, pero al principio tuvimos que trabajar en cómo compartir el uno con el otro. No entendí lo que estaba sucediendo hasta que fui al hogar de Bill para cenar por primera vez. ¡Qué choque!"

Bill se rió al instante en reconocimiento. "Sí, fue un choque para ella".

"¿Qué sucedió?" Pregunté.

Jan respondió: "Fuimos a su hogar y cenamos con sus padres y sus dos hermanos y una hermana. Naturalmente, yo me sentía un poco recelosa, ya que quería causar una buena impresión. Me sentí un poco nerviosa, y cuando lo estoy, tiendo a ser un poco callada. No es que no hablo tanto como usualmente, pero me vuelvo más vacilante y corta de palabras. Una vez que cenamos, me temo que me senté ahí con mi boca abierta, sumamente sorprendida —al menos me sentí como si hubiera sido así—. La familia de Bill es totalmente diferente de la mía. Mi familia es cortés y callada, y ellos raramente levantan sus voces. Si lo hacen, ¡*cuídate*! Quiere decir que alguien está enojado, pero eso no sucede a menudo.

"Pero Bill y su familia", continuó ella, "ellos levantan sus voces, interrumpen, sostienen dos y tres conversaciones a la vez, y ¡aún gritan a veces! Para cuando la cena había terminado yo estaba anonadada y me sentía muy incómoda. Cuando nos fuimos, lo primero que le dije a Bill fue, "Bill tu familia es un grupo de gente tan enojada - y tampoco parecían muy corteses entre sí. Se interrumpían y no dejaban a las personas terminar".

En ese momento Bill animadamente siguió con la historia. "¡Esto para mí fue una gran sorpresa!" "¿Qué quieres decir? todos en mi familia se aman, son muy unidos y leales", le dije. "De hecho, esta noche se comportaron como ellos siempre lo hacen, lo cual es bueno. Eso quiere decir que les gustaste y vieron en ti a alguien con quien ellos podían ser ellos mismos. Nadie estaba enojado. ¡Esa es simplemente la forma en que hablamos! Siempre hemos sido así, ¡así son también mis abuelos y tíos y sus familias! Simplemente somos gritones y tenemos nuestro propio estilo de comunicarnos. Yo soy así también".

"Por un tiempo fue un choque", dijo Jan. Mientras más andaba con Bill más descubría que él se comunicaba de esa manera. La primera vez que él levantó su voz, me quedé helada, porque pensé que estaba enojado, pero desde entonces he aprendido que hace eso cuando está emocionado y quiere enfatizar algo."

"Así que cuando fuiste al hogar de Bill por primera vez", le dije suavemente a Jan, "fue como entrar en otro país, pues ellos hacían cosas diferentes y en un sentido hablaban un lenguaje diferente. Al principio te sentiste un poco fuera de lugar, hasta que comenzaste a traducir lo que te estaban diciendo a tu propio lenguaje. ¿Estoy en lo cierto?"

Ambos se rieron. "Tienes razón", Bill replicó. "Nadie lo había puesto de esa manera antes, pero de seguro puedo ver como la idea de hablar el lenguaje de la otra persona tiene sentido".

"Este cuadro de casarse con un extranjero se está aclarando un poco para ustedes, ¿no es así?" pregunté.

"Oh, sí", respondió Bill. "De hecho puedo ver como nosotros hemos comenzado a aprender el lenguaje de cada una de nuestras familias y a adaptarnos a cada familia".

"¿Cómo?"

"Bueno", Bill continuó: "Después de algún tiempo noté que Jan comenzó a abrirse cuando estábamos con mi familia. Ella hasta levantaba su voz y aun interrumpía a veces. Realmente ha aprendido a ser una de nosotros. No creo siquiera que ella se haya dado cuenta de los cambios".

Jan habló. "Bill tiene razón. Yo no había pensado en como yo iba cambiando gradualmente, hasta que en una Navidad pusimos una grabadora durante la cena familiar o celebración como le llaman ellos. Después de la cena nos sentamos y la escuchamos, y yo me quedé sorprendida cuando me escuché a mí misma. ¡Sonaba como ellos!"

"¿Cómo te sentiste ante eso, al cambiar tu forma de comunicarte?"

"Fue muy cómodo", Jan me respondió. "Me divertí mucho y, me acerqué más a la familia de Bill. Me sentí bien con esta nueva relación con su familia".

"Bill: ¿te adaptaste tú a la familia de Jan?"

"Seguro que sí", me dijo. "De hecho, la primera vez que estuve con ellos me sentí realmente incómodo. No sabía si yo les gustaba o no. Ellos eran tan corteses y mesurados. Me he dado cuenta ahora de que cuando estamos con la familia de Jan me siento cómodo, pero no hablo tan alto con ellos como con mi propia familia. Su familia en general no habla mucho, pero se divierten tanto como mi familia. He aprendido que esto está bien".

"Bill", pregunté: "¿Cuando tú y tu familia hablan se entienden entre sí? ¿Entienden lo que cada persona está diciendo?"

"Claro", respondió, "entre nosotros lo que hablamos tiene sentido".

Luego le pregunte a Jan, "¿Cuando tú y tu familia están juntos y comparten cosas se entienden entre sí? ¿Están en contacto el uno con el otro?"

"Oh, sí", dijo Jan, "Siempre lo estamos. Yo me llevo muy bien especialmente con mamá. Papá, debo admitir, no siempre dice mucho. Me gustaría que lo hiciera. Él va directo al grano con *muy* pocos detalles. A veces me siento como si tuviésemos que dragar la información de él. Cuando habla, suena como un reportero de periódico dando una versión condensada de las noticias del día. Él sólo da los hechos. ¡Y los sentimientos! No recuerdo haber escuchado a papá compartir sus sentimientos. Eso también ha frustrado a mamá durante años. Pero mamá y yo realmente nos llevamos bien.

Comprendiéndose el uno al otro

Volví nuevamente la conversación a la comunicación entre esta pareja joven. "Bill", dije: "Parece que tú y tu familia se entienden bien cuando hablan, y Jan, tú te sientes bien en cuanto a la comunicación con tu madre. Ahora, ¿qué de ustedes dos? ¿Qué se va a requerir para que ustedes dos se puedan comunicar a fin de que se puedan entender el uno al otro?"

Se miraron entre sí y luego me miraron a mí. Esperé y luego dije: "Es algo en lo cual debemos pensar". Me volteé hacia Bill, y luego acelerando un poco mi ritmo de hablar, pregunté: "¿A propósito Bill, estamos tú y yo comunicándonos? ¿Crees que nos vemos cara a cara? ¿Nos entendemos el uno al otro?"

Bill respondió: "Oh, sí. usted parece entender de qué estoy hablando, y yo estoy obteniendo la idea de toda esta discusión de casarme con una extranjera. Aunque me pregunto, ¡si es que no necesito pasaporte para casarme con Jan!"

Todos nos reímos, y dirigiéndome a Jan dije suavemente, "¿Cómo te sientes en cuanto a nuestra comunicación? ¿Tiene sentido?"

"Sí, mucho", respondió Jan. "Tú pareces entender lo que estoy sintiendo, y lo que dices tiene sentido. Parece que hablamos el mismo lenguaje".

"Bien", dije. "Es importante que aprendamos no tan sólo a hablar el mismo lenguaje sino también a estar seguros de que expresamos lo mismo con nuestras palabras. Me he encontrado con tantas parejas quienes se irritan y se enojan en su matrimonio por asuntos tan sencillos o simples como por tener diferentes definiciones para sus palabras. Saben, dos personas pueden hablar español y no querer expresar lo mismo. Dos personas pueden hablar alemán y no decir lo mismo. Nosotros estamos aquí hablando español y usando algunas palabras iguales, pero podemos tener significados diferentes para ellas. Tus experiencias en la vida, tu mentalidad, tus intenciones pueden dar significado a tus palabras. Mi esposa puede decirme: "Norm, ¿podríamos detenernos en esta tienda camino a casa por un minuto? Sólo será por un minuto." Yo podría interpretar la palabra *minuto* literalmente, pero más vale que no lo haga, porque los años de experiencia me han enseñado que estamos hablando de quince a veinte minutos." Jan y Bill sonrieron y asintieron con la cabeza.

"Bill, alguna vez te ha dicho Jan: "Bill, ¿podría hablar algo contigo por un minuto?" y tú has dicho sí, presumiendo que ella quiere decir un minuto, pero treinta minutos después aún están discutiendo el asunto". Ambos se miraron asombrados, y Bill habló rápidamente.

"El martes en la noche. Eso fue exactamente lo que pasó el martes en la noche. Jan se preguntaba por qué me estaba poniendo tenso.

Jan interrumpió: "Bueno, pero era importante. ¿Importaba cuánto tiempo tomara? Tú estuviste de acuerdo en que necesitamos hablar de ello, y yo me había sentido así por algún tiempo".

Bill respondió: "Oh, no, estaba bien. Simplemente pensé que sería algo corto pues tú dijiste *un minuto*".

Jan respondió con un poco más de sentimiento: "Pero a veces siento como si *tú* pusieras un tiempo límite en nuestras conversaciones. Casi siento que eres impaciente y quieres llegar al grano. No quieres escuchar mis razones o sentimientos. De hecho, desearía que *tú* compartieras más detalles conmigo. Uso un nuevo vestido y te pregunto cómo se ve, y todo lo que tú dices es: "Se ve bien". "¿Acaso no puedes decirme nada más acerca de cómo te sientes al respecto?"

Bill me miró y miró hacia arriba, luego volviéndose a Jan dijo en voz alta: "Pero dije que se veía bien. ¿Qué más quieres escuchar?"

Yo interrumpí a Bill y dije, "En una escala de cero a diez, donde cero significa terrible, como si fuera sacado de la montaña de trapos, y donde diez significa que está super, es sobresaliente, ¿En dónde cae la palabra *bien*?"

Bill dijo: "Oh, está entre un ocho y un diez".

Jan pareció sorprendida y dijo: "¿Cómo voy a saberlo? ¡Es la primera vez que he escuchado que *bien* tenga algún significado!"

"Eso es lo que quiero decir", interrumpí, "cuando dije que necesitas definir tus palabras. Bill, si no pudieras usar la palabra *bien* y tuvieras que dar una descripción de tres líneas del vestido que Jan está usando, que dirías".

Bill pensó por unos segundos, luego dijo: "Bueno, me gusta. El color se ve bien. El vestido es tu estilo, y me gusta algo del detalle alrededor de la cintura. Te queda bien y me gustan las curvas. Es tal como tú eres. Y el estilo es llamativo".

Me volví a Jan: "¿Cómo te sientes en cuanto a la respuesta de Bill?"

Ella sonrió: "Me siento muy bien. Parece que él realmente lo notó, y disfruté oír su descripción".

Bill interrumpió: "Bueno yo podría hacer eso, pero cuando estoy con mis otros amigos y decimos *bien*, sabemos lo que queremos decir".

"Puedo entender eso, Bill", lo entiendo: "Cuando estás con ellos hablas su mismo lenguaje, pero cuando estás con Jan, necesitas hablar *su* lenguaje. Ella quiere más detalle, más descripción, más adjetivos. Eso es lo que ella va a entender. Este es un buen ejemplo de lo que quiero decir con hablar el lenguaje de la otra persona. Ahora que estamos hablando de esto, ¿cuál de los dos tiende a dar más detalles cuando habla?" Miré a Bill y a Jan y ambos señalaron a Jan y se rieron.

"Yo soy la de los detalles", dijo Jan. "A menudo Bill me pide que llegue al punto y le dé la idea para que él pueda entender de qué estoy hablando. Yo sólo quiero estar segura de que él va a entender lo que yo estoy compartiendo. Yo siempre he dado muchos detalles y sentimientos, pero a veces es como si él no escuchara mis sentimientos. Él los ignora".

Bill respondió, "No estoy ignorando lo que tú dices. Ya veo a dónde quieres llegar, pero yo no siempre sé qué hacer con esos sentimientos. No es que los detalles me molesten siempre, pero desearía que te enfocaras primero en el punto principal, en lugar de andar con rodeos varias veces y luego decirme de qué estás hablando. Me gustan las cosas de frente y directo al grano".

Yo dije: "Bill, tú quieres que Jan se comunique contigo como un artículo de periódico".

"¿Un artículo del periódico? ¿Cómo es eso?" preguntó Bill.

"La mayoría de los artículos del periódico son estructurados como una pirámide", proseguí. "La primera oración es un resumen completo de lo que contiene el artículo. Luego viene un párrafo breve con algunos de los asuntos más significativos ampliados. La porción final más larga del artículo contendrá los detalles más mínimos".

"Eso es todo", Bill dijo. "Un acercamiento como tal tiene sentido para mí. Puedo seguir lo que está aconteciendo mejor", y, él se volteó hacia Jan, "yo estaría dispuesto a escuchar algo más de detalles. Pero no pienso que necesito escuchar tantos detalles como los que tú disfrutarías escuchando. No quiero un resumen de dos líneas de noticias de lo que tú dices, pero un condensado de *Selecciones* sería de mucha ayuda". Ambos se rieron.

"Bill", dije: "Estás pidiéndole a Jan que resuma un poco algunos de los detalles e identifique la idea principal al inicio. Esto te ayuda a concentrarte mejor en su conversación. ¿Es eso cierto?" él asintió. "Esto también significa, Bill, que ya que Jan disfruta de los detalles, que cuando tú compartas con ella, tú le darás más detalles de los que das ahora". Bill asintió.

"Ahora, tiene mi aseveración acerca de casarse con un extranjero más sentido para ustedes?" Ambos sonrieron y dijeron: "sí, definitivamente!"

"Permítanme referirme una vez más, a la pregunta que les hice hace unos minutos. Jan y Bill, además de lo que ya hemos señalado, ¿qué se requerirá, para que ustedes dos puedan entenderse el uno al otro y dejen de ser extranjeros? ¿Qué piensas tú, Bill? ¿Qué sientes, Jan?"

"¿Qué sientes tú como lector? ¿Qué piensas tú que debe suceder? ¿Qué escuchaste mientras leías este relato de Bill y Jan? Ahora, antes de que continúes con la lectura, vuelve atrás y lee nuevamente la interacción. Yo ya señalé algunos pasos que Jan y Bill deberían de tomar, mas no he comentado aún sobre un principio clave. Léelo nuevamente y escucha su conversación. Mira si puedes entender este principio. ¿A qué persona respondes tú más fácilmente o entiendes con más claridad? ¿Habla uno de ellos más tu lenguaje que el otro? ¿Qué hice yo al interactuar con Jan y Bill?

Constructores de vitalidad

1. ¿Te has sentido alguna vez como si alguien cercano a ti estuviera hablando una lengua extranjera, a pesar de que tú pudieras entender todas las palabras? ¿Te has sentido como si estuvieras casado con un extranjero? ¿De qué manera has perdido el contacto o has estado fuera de contacto con la otra persona? ¿Por qué has visto las cosas de forma diferente? ¿Qué se necesitó para que se pudiesen escuchar el uno al otro claramente?

2. ¿Han sido tus palabras malentendidas alguna vez por alguien, porque los dos hayan tenido una interpretación ligeramente diferente para la misma palabra? ¿Cómo confundió esto su comunicación?

3. ¿Qué clase de información quieres obtener de una conversación? ¿Te gusta escuchar la idea principal primero o quieres escuchar todos los detalles? ¿Cómo les hablas a otros? ¿Necesitas cambiar tu estilo cuando hablas a algunas personas a quienes ves frecuentemente?

4. ¿Qué harás esta semana con la información de este capítulo? Describe de qué manera tu comunicación será diferente.

Aprendiendo el lenguaje
de otra persona

Jan y Bill, una pareja muy similar a la mayoría en la que sus patrones y estilos de comunicación difieren entre sí, están a punto de lograrlo. A medida que ellos continuaron sus sesiones prematrimoniales pronto aprendieron flexibilidad, lo que les permitió hablar el lenguaje de cada uno. Esto los incitó a comenzar a pensar: *Si esto es tan efectivo en relaciones matrimoniales, ¿no lo sería también en las relaciones de trabajo y sociales?* ¡Ellos descubrieron una gran verdad con aquella pregunta! Hablar el lenguaje de una persona no está limitado para matrimonios ni relaciones de cortejo. En realidad yo lo aprendí por prueba y error en la oficina de consejería a través de los años y decidí que si esto funcionaba tan bien ahí, debería funcionar de igual manera en otros lugares, y así es.

Nunca olvidaré la pareja que me introdujo realmente al estudio de la comunicación. Tony y María eran una pareja italiana joven a quienes vi cuando tenía mi oficina en mi casa hace años. Para ser bastante honesto, después de las dos primeras sesiones de consejería, estaba totalmente frustrado con ellos. No había llegado a ningún lado. Traté de estar calmado, ser racional y cortés, mientras ellos me interrumpían así como lo hacían entre ellos. Ellos se gritaban, trataban de hablar por encima del otro, y según lo que yo podía ver, ellos seguían reglas de comunicación no conocidas.

Aprenda las reglas de comunicación de la otra persona

Un miércoles por la mañana, miré mi agenda de actividades y noté que Tony y María venían esa tarde. Yo pensé, oh, no. He aquí otra experiencia vana y frustrante. Ellos no escuchan ni una sola cosa que yo diga, y ellos no parecen escucharse entre sí tampoco. Bueno si no puedes contra ellos, ¿por qué no unirte a ellos? Hmmmmm ..., ¿por qué no? Decidí hacer eso mismo.

Cuando empezó nuestra sesión, esta pronto se convirtió en una reunión de dos personas hablando a la vez, alto y más alto, hasta que me incliné hacia adelante, levanté mi mano hacia Tony con una acción de detenerlo y decir casi gritando, "¡Tony! ¡Tony! Escucha a María. Ella tiene algo que decir. María, continúa y habla. Tony te escuchará". Estuvimos en un ir y venir durante la sesión. Me sentía como un director de orquesta dando claves aumentando o bajando el volumen y el tono, controlando quien estaba hablando y algunas veces permitiendo que los tres habláramos a la vez. ¡Inclusive les grité en ocasiones para atraer su atención! Cuando la sesión terminó, ellos me agradecieron y dijeron: "Caramba, esta fue una buena sesión, Norm. Nos vemos la próxima semana".

Salí del salón del frente, pasando por la puerta a prueba de sonido hacia la cocina. Mi esposa se asomó desde el salón familiar, como a 50 pies, y dijo en voz silenciosa: "¿Estás bien?"

Yo dije: "Bien, sí, ¿por qué?"

"Sonaba como la Tercera Guerra Mundial, ahí adentro", ella replicó. "Yo pensé que las personas iban a empezar a lanzarse cosas. ¿Quién estaba tan enojado?"

"Nadie estaba enojado", dije. "Simplemente gritábamos. Esa es la forma en que ellos hablan, y la única manera de que ellos me escuchen es si me convierto en uno de ellos". Desde ese entonces nosotros tuvimos algunas sesiones salvajes y con gritos, ¡y yo me divertí por completo! En vez de esperar que ellos se adaptaran a mi estilo yo me adapté a ellos, y ellos estuvieron dispuestos a escucharme a mí y a las sugerencias que eventualmente hice. Tony y María me enseñaron mucho.

Desarrolle confianza

Usamos la palabra confianza cuando hablamos acerca de establecer relaciones con otras personas, y en el campo de la consejería, a los psicólogos se les anima a establecer confianza con su cliente lo más pronto posible. *Confianza* ha sido definida como "una relación marcada por armonía, comodidad, acuerdo, o afinidad". Refleja una relación que está de acuerdo o aun tiene parecidos o similitud.

No importa a quién conozcas en la vida, encontrarás que tienes tanto diferencias como semejanzas con tal individuo. ¿Cuál enfatizas? Si escoges enfatizar sus diferencias, se te hará más difícil establecer afinidad. Si enfatizas lo que tienen en común, van a acercarse más rápidamente. Busca algo en común.

A la gente tiende a gustarle gente que es como ella. Como lo puso un hombre: "Hey, fue excelente entrar en ese grupo tan grande y descubrir varias personas que pertenecían al mismo club de negocios y leen los mismos diarios que yo. Nos llevamos bien desde el principio, y es más tengo dos invitaciones a cenar y a jugar raquetball!" Disfrutamos en comunicarnos con aquellos que son como nosotros, con quienes tienen nuestras mismas creencias, valores, pasatiempos, gustos y disgustos. ¿Cómo escoges tus amigos? ¿Seleccionas a aquellos que son totalmente diferentes de ti, sin ni siquiera un área en común? No, usualmente no. Escogemos a nuestros amigos de un grupo de gente que nos ayuda a sentirnos cómodos con nosotros mismos y, alguien que es como nosotros es mucho mejor. Tal vez esto funciona como una manera sutil de decirnos a nosotros mismos que estamos bien porque hay otros como nosotros a nuestro alrededor.

¿Hasta dónde llega el establecer afinidad? ¿Tenemos acaso que llegar a ser tan igual a otros que nos convertimos en reproducciones? ¿Tanto que comenzamos a perder nuestra propia identidad? No, en lo absoluto. Tú seguirás siendo quien eres y reflejando tus propios hábitos únicos y patrones de habla. Sin embargo, al enfatizar las similitudes, podrás responder a una variedad más amplia de personas tanto en tu mundo de negocios como socialmente. A fin de establecer afinidad, debes tomar la oportunidad de aprender a ser bastante flexible. De hecho, sin duda tú seguramente ya haces inconscientemente bastante de las cosas que voy a sugerir. Aquí sólo quiero identificarlo, refinarlo, y explicártelo de manera tal que puedas ser un mejor comunicador.

Refleja el comportamiento de la otra persona

Algunos de los terapistas sobresalientes de nuestros días son muy adeptos a establecer confianza o afinidad rápidamente. Al observarlos descubres que parte de su proceso al desarrollar la misma recae en el reflejo. *Reflejar* simplemente significa devolverle a la persona aspectos de su propio comportamiento no verbal, tal como si la persona se estuviese mirando en un espejo.

Todos hacemos esto hasta cierto punto. Tú vas a una cena, y te encuentras imitando los modales y posturas del cuerpo de acuerdo al nivel de formalidad o informalidad que consideras necesario dentro del grupo. Cuando conduzco seminarios en diferentes partes del país, pienso con anterioridad qué ropas serán las más apropiadas. No quiero desentonar en el vestir, en comparación con el grupo que va a estar ahí. Encuentro que en la Costa Este el estilo de vestir es un poco más formal que el del Suroeste.

Reflejar no significa hacer remedar. Desde la temprana niñez se nos ha enseñado que remedar no es aceptable. Vez tras vez hemos escuchado, "No seas un remedador", y reaccionamos negativamente a tal comportamiento. Tenemos que creer que remedar es lo mismo que burlarse de una persona, pero en realidad el remedo es usualmente caracterizado por alguna exageración de un comportamiento o característica al hablar.

En contraste, el reflejar sucede cuando tú te vuelves sensible a aspectos de tu propio comportamiento y respuesta, y a la del otro individuo. ¿De qué comienzas a tomar consciencia? ¿Aspectos de la postura del cuerpo de la otra persona, gestos específicos, expresiones faciales, tono de voz, tiempo, y patrones de entonación? En algunos casos he visto al terapeuta copiar los ritmos respiratorios de la persona. Pero recuerda que éstas son respuestas muy ligeras y sutiles. Si la persona con la que estás hablando comienza a golpearse un lado de la cabeza cada tanto tiempo, no hagas lo mismo. Si el otro individuo sube corriendo luego de haber corrido cuatro millas y está sin respiración y jadeando, yo no te animaría a reflejar este comportamiento.

Sugeriría una igualación sutil de comportamientos insignificantes, hábitos, y voz. No tienes que ser un terapeuta para que esto surta efecto. Amigos que hablan, un profesor hablando con un estudiante, dos socios de negocios, cualquiera puede hacerlo. Inconscientemente (y ahora más conscientemente) yo lo he hecho en conversaciones con gente en medio de un acontecimiento social, así como en la oficina de consejería. Un ligero cambio en el cuerpo a fin de sentarte en un estilo similar al de la otra persona, gestionar insignificante-mente con la mano reflejando uno de los gestos de él, pausar en la forma en que ella lo hace, son todos ejemplos de reflejar. Ten consciencia de lo que hagas cuando estés con otras personas. Mira sus interacciones cuando ellos se comunican. Nota la calidad de su interacción cuando hay un comporta-miento reflejo o no lo hay. Sucede todos los días a nuestro alrededor.

Volvamos a Jan y Bill, la pareja a quien di consejería prema-trimonial. Yo pregunté si mi aseveración acerca de casarse con un extranjero tenía sentido para ellos, y ambos respondieron que sí. Retomemos la conversación en donde nos quedamos.

"Una vez más permítanme regresar a mi pregunta de hace algunos minutos. Jan y Bill, además de lo que ya hemos señalado, ¿qué se requerirá, para que ustedes dos puedan entenderse el uno al otro y dejen de ser extranjeros? ¿Qué piensas tú, Bill? ¿Qué sientes tú, Jan?"

Bill pensó por un minuto y luego dijo: "Bueno, nosotros necesitamos hablar el lenguaje de la otra persona, ¿correcto?"

"Correcto: ¿pero cómo haces eso, Bill? ¿Qué significa eso en la comunicación real de cada día?

Refleja el lenguaje de la otra persona

Justo entonces Jan habló, "Pueda que esté equivocada en esto, pero estoy comenzando a entender el sentido de lo que usted ha estado haciendo con nosotros".

"¿Qué es eso?" Pregunté.

"He notado", Jan continuó, "que, sí, ahora que lo pienso, usted realmente ha estado haciendo esto con nosotros. Usted habla de manera diferente a Bill y a mí. Ahora sé a qué se refiere con hablar el lenguaje de la otra persona. Bill, ¿lo has entendido ahora? No, déjame retirar lo dicho. Bill, ¿ves lo que Norm ha estado haciendo?"

Con ese cambio en su vocabulario, no pude evitar reírme. "Lo hiciste, Jan, realmente lo entiendes. Cambiaste tu vocabulario, que tiene sentido para ti, y usaste una palabra que es parte del vocabulario de Bill. Bill ¿notaste eso?"

"Bueno, noté algo diferente, pero no estoy seguro todavía".

"Continúa, Jan", la animé.

"Bill", dijo ella, "tú usas palabras como *ver, mirar, fijarte* todo el tiempo conmigo y con el resto de la gente, de manera que deben de tener algún significado para ti. Esas no son mis palabras, pero puedo aprender a usarlas. Cuando utilizo palabras de sentimientos, usualmente no obtengo tanta respuesta de ti, así que tal vez yo necesito escuchar más tus palabras, y tú necesitas escuchar las mías, y ambos podemos aprender a usar la manera de hablar de cada uno".

Bill miró a Jan por un minuto y luego suavemente dijo: "Muy bien, creo que comienzo a ver" Él se escuchó a sí mismo y luego dijo: "Tienes razón. Yo uso esa palabra a menudo". "Sabes", Jan continuó, "si tuviésemos una grabación de esta sesión, no, si tuviésemos una grabación y un vídeo, como la que usamos en nuestros cursos de educación de maestros, me imagino que descubriríamos que Norm ha estado haciendo más que simplemente usando nuestro lenguaje. ¿Correcto, Norm?"

"Sí, correcto", respondí. "Eres sensible para percibir eso muy rápido".

Jan sonrió y dijo: "Ahora, si le hubieras hecho la misma aseveración a Bill, ¿cómo se la habrías dicho?"

Me reí, "Bill, vas a necesitar tener cuidado con Jan. Ella realmente puede ver las cosas rápidamente".

Todos nos reímos de que yo escogiera las palabras de Bill, y Bill exclamó en voz alta: "Ya lo veo. Pueda que usted nos diga lo mismo a cada uno de nosotros, pero con diferentes palabras, basado en cómo nosotros hablamos. Y, acabo de darme cuenta de algo más, Norm. Cuando hablas conmigo le pones un poco más de volumen a lo que dices. Sí, lo haces. Alzas la voz sólo un poquito, tal vez porque yo hablo más alto que Jan. También he notado algo más. No desperdicias palabras conmigo dándome largas explicaciones. Pareces decir las cosas de forma breve y directo al grano, lo cual me gusta. Tal vez porque esa es la forma en que yo hablo. Esto es realmente increíble. No hemos estado aquí por mucho tiempo, pero parece como si hubiésemos estado juntos o nos hubiésemos conocido por largo tiempo".

Jan interrumpió, "Sí, estoy de acuerdo. Me siento, y esa es una de las frases con la que me siento cómoda, de la misma manera. Me he dado cuenta de que Norm hace más que simplemente hablar nuestro lenguaje escogiendo sus palabras. Cuando te habla a ti, parece cambiar en su silla y sentarse casi como lo haces tú. No es nada notorio, pero lo ha hecho ya varias veces. Él se sienta un poco más erguido tal cual te sientas tú, Bill. Cuando me hablas a mí, Norm, he notado que tiendes a sentarte hacia atrás y pones tus manos en el brazo de la silla, que es exactamente lo que yo hago. Hasta reduces tu velocidad al hablar y me hablas más suavemente a mí que a Bill".

"Tienes razón, Jan, repliqué: "Y me siento bien con lo que estás compartiendo por varias razones. Una es que quiero ser sensible a las personas con quienes hablo, ya sea en esta oficina o fuera del ambiente de consejería. En segundo lugar, no siempre estoy conscientemente pensando en las palabras que utilizo o escojo o en mi lenguaje corporal. Lo que acabas de decir me hace saber que esta manera de responder a las personas se está volviendo más y más algo automática en mí. Estoy emocionado de ver cuán rápidamente ustedes están entendiendo este concepto".

Comuníquese conscientemente

"Ya que ustedes dos están recién tomando consciencia de este proceso", proseguí: "va a tomar algo de trabajo de su parte para refinar su comunicación del uno hacia el otro. Siento que ya han descubierto el hecho de que ustedes probablemente ya han respondido de esta forma a otras personas, y ni siquiera se dieron cuenta. Ahora estarán más alertas y trabajarán más conscientemente en cómo ustedes se comunican, no tan sólo entre ustedes, sino también en una gama más amplia de contactos. ¿Qué es lo que van a hacer, en este punto, de forma diferente en su comunicación el uno hacia el otro? ¿Qué piensas, Bill?"

Bill respondió: "Bueno, ya que este es mi trecho, déjame pensar un minuto". Hizo una pausa, considerando mi pregunta. "Bueno, siento como si, ¡qué te parece, una de las palabras favoritas de Jan!, acabo de regresar de una expedición arqueológica y he hecho un descubrimiento gigantesco, ¡y estoy todavía tratando de juntar todas las piezas que he desenterrado!"

En este punto, interrumpí: "Bill ¿es esta la manera en que usualmente describes las cosas? Jan, ¿fue esa una descripción típica de Bill?" Ambos se miraron, preguntándose quién debería contestar. Yo respondí con ambas manos abiertas, mirándolos de uno a otro, diciendo de forma no verbal, "Quién quiera responder, puede hacerlo".

Jan habló: "No he escuchado descripciones como esa muy a menudo, pero fue excelente. Dijo mucho más que simplemente, "Estoy pensado en esto, o algo así".

"Bueno", dijo Bill: "es la forma en que me estaba sintiendo, y esa fue la mejor forma de describirlo".

"Bill, eso fue excelente", dije. "Ese fue un hermoso ejemplo de cómo expandir su descripción y dar a su conversación más vida, significado y riqueza. Al comenzar a comunicarte más y más de esa forma, te sorprenderás de tu propia habilidad y de las respuestas que otras personas te den a ti".

"A veces", Bill respondió: "¡Yo mismo me sorprendo! Bueno, esto es lo que voy a variar en mi comunicación contigo, Jan. Supongo que el primer paso es aprender verdaderamente tu lenguaje, y eso quiere decir que necesito escucharte, escuchar lo que dices, y cómo lo dices. Tendré que escucharte con mis ojos así como con mis oídos. Sé que hay momentos en los que tú hablas en que no tengo contacto visual contigo; entonces cuando me vuelvo y te miro, tu mensaje parece diferente en cierta forma.

"No creo que cambiaré por completo mi forma de comunicación, puesto que quiero ser yo. Pero cuando hable contigo, puedo usar algunas de tus palabras y frases. ¿Ayudaría si no hablo tan fuerte o tan rápido?"

"Bueno", respondió Jan: "No lo había pensado. A veces sí me siento menos ansiosa cuando bajas el volumen o eres un poco más callado. Pero no quiero que dejes de ser tú mismo, así que veamos como va y cómo me siento".

"Bien", continuó Bill. "Yo podría hacer eso, lo sé. Sé de algo que podría ayudar. ¿Qué tal si yo doy más detalles al compartir contigo? Tal vez pueda expandir mis dos líneas a cuatro, cuando te cuente una historia o evento", Bill sonrió al decir esto.

"Bill, esa es una excelente idea", comenté. "Tú das más detalles que la mayoría de los hombre con los que he trabajado. He visto a algunos que parecen reflejar la vieja imagen del vaquero solitario John Wayne. Ellos se sientan aquí y dicen, "Sí," y "No", y eso es todo. Tratar de sacarles más es como sacar dientes. ¿Saben lo que hice con un hombre un día? El había tenido tanta presión sobre él para que hablara más, y no había funcionado, así que decidí abordarlo de una forma totalmente diferente. Le sugerí a él que *no* compartiera más de lo que había estado haciendo y que continuara respondiendo con sus típicas palabras o, "Sí", y, "No". Cuando el me hizo preguntas, comencé a responderle con las mismas palabras, ¡y él se vio sorprendido! Una vez que él se dio cuenta como era, comenzó a abrirse y comunicarse, y todos descubrimos que él podía compartir detalles. Bill, da más detalles, y Jan responderá más y también pondrá menos presión en ti para que compartas, siendo que ya lo estás haciendo. A veces *yo* he dado aseveraciones resumidas. La mayoría de los hombres tienen esta tendencia. Ahora cuando escucho a un amigo o a un conocido que ha tenido un bebé, en lugar de ir a casa y decirle a Joyce el hecho, sin ninguna de las estadísticas vitales, escribo los particulares, tales como sexo, nombre, peso, longitud, cuándo nació, y así por el estilo. Luego comparto esa información, puesto que eso es lo que ella quiere escuchar. Yo acostumbraba a llegar a casa y decir: "Fulano de tal ha tenido un bebé". preguntaría Joyce: "Oh, ¿qué fue? ¿Un niño o una niña? ¿Cuándo? ¿Cuánto pesó?" Yo respondería, "Oh, no lo sé. Fue un bebé. Es todo lo que sé." Eso no funciona tan bien en mi casa.

"Jan, cuando compartas con Bill, condensa un poco y da el tópico e idea principal primero, y tendrás su atención".

No había duda de que se había establecido afinidad durante esa sesión inicial. Nos relacionamos muy bien. ¿Por qué? Porque yo tomé la iniciativa y aprendí su lenguaje. No esperé que ellos aprendieran el mío ni hice que ellos estuvieran cómodos con el mío al principio. Dense cuenta de que ellos fueron muy amplios en tomar mis sugerencias de nuevas formas de comunicación. ¿Por qué pasó esto tan rápidamente? Porque yo marché a su mismo compás, un tema del cual descubrirás más en el próximo capítulo.

¿A quién te pareces más a Jan o a Bill? ¿Cuál es tu estilo de comunicación? ¿Cuál será tu primer paso al comenzar a incorporar estos principios de una nueva forma en tu vida?

Recuerda:

Habla el lenguaje de la otra persona.

Constructores de vitalidad

1. ¿Has conocido alguna vez a alguien con un estilo de comunicación tan diferente al tuyo que se les hizo difícil entenderse el uno al otro? ¿Qué sucedió?

2. ¿Qué significa afinidad? ¿Se te hace fácil desarrollar afinidad con otros? ¿La desarrollas más rápidamente con aquellos que son como tú? ¿Por qué? ¿Cómo puedes incrementar tu afinidad con aquellos que son diferentes a ti?

3. ¿Qué significa reflejar? ¿Cuál es la diferencia de éste con remedar? ¿Cómo puedes reflejar los mensajes no verbales de otra persona? ¿La comunicación verbal?

4. ¿Cómo puedes refinar tu comunicación con otros? ¿Hablas el mismo lenguaje? ¿Cuáles son tres beneficios de hablar el lenguaje de otra persona? Da un ejemplo de cómo hiciste esto hoy.

5. ¿Qué harás esta semana con la información de este capítulo? Describe cómo variará tu comunicación.

<h1>Siete</h1>

¿Cuál es tu velocidad? Marchar al mismo compás y desarrollar simpatía

En la comunicación espejo, reflejas la comunicación no verbal de otra persona. *Marchar* al mismo compás es muy similar, excepto que esto también incluye los aspectos verbales de la comunicación, usando la misma terminología o similar al de la persona con quien estás hablando. Simplemente te encuentras con la otra persona donde él o ella está o te igualas a ellos de alguna manera. Marchar al mismo compás significa hacerse como la otra persona de manera que puedas establecer afinidad y simpatía y ganar la atención de la otra persona, su amistad e influencia. También involucra responder con lenguaje similar, posturas del cuerpo, gestos, tono de voz, tiempo, etc. Mientras más adepto te vuelves a esto, te sentirás más cómodo relacionándote con un grupo más amplio de individuos. Cuando marchas al mismo compás, estás diciendo: "Yo soy como tú en algunas formas, y tú estás a salvo conmigo. Puedes confiar en mí". Mientras más flexible seas, tendrás más influencia y poder persuasivo con otros. Las personas encerradas en una forma de responder, quienes demandan que los otros los acepten exactamente como son, limitan su potencial, sus experiencias, y sus relaciones.

Marcha al mismo compás de otros

Podrías estar marchando al mismo compás aun con algo tan abstracto como los temperamentos. Los temperamentos buscan compañerismo en una clase similar, y la diferencia de ellos ha sido la caída de muchos matrimonios. Por ejemplo, ¿cómo te despiertas en la mañana? ¿Es acaso un proceso lento, laborioso en el que un ojo se abre mientras te debates en abrir el otro o no? ¿Toma acaso cinco minutos para que el mensaje del cerebro llegue a los músculos de tu pierna y le diga que la mueva por sobre el borde de la cama, mientras que el resto del cuerpo trata de esconderse debajo de las cobijas? ¿Andas a tientas hasta la puerta y el pasadizo que te lleva a la cocina para poder inhalar tu mezcla de cafeína que hará que tu cuerpo se ponga en movimiento? ¿Tomas vida, finalmente una o dos horas después?

Si la descripción mencionada te encaja, hay buenas oportunidades de que estés casado con alguien del tipo opuesto. Este individuo salta de la cama en la mañana con su cerebro ya en el máximo cambio listo para enfrentar el día. Estas personas vienen en algunas variedades. ¿Has escuchado alguna vez del mandón? Este hombre despierta dando órdenes. Si tú eres su pareja, ¡te sientes como si tuvieras que hacer un saludo! El mandón comienza el día con: "Bien, tenemos diez minutos para llegar a la cocina. Yo quiero tostada francesa, tocino, y jugo de naranja recién exprimido. Vamos, vamos, levántate. Tú toma tu ducha primero, y yo te daré tres minutos, luego yo me afeitaré, y luego tú..". Si tú eres la que se mueve en cambios bajos, sientes ganas de dispararle a este tipo!

O también está el experto en la eficiencia, "Juan, te lo digo todas las mañanas, si te levantaras a las seis y media en lugar de a las siete, tendrías cinco minutos para afeitarte, seis minutos para ducharte, y ocho minutos para vestirte. Luego al salir a desayunar todo estaría arreglado. Ahora, de regreso a casa, quisiera que pasaras por —" ¡Escuchar algo así cada mañana haría que me diera ganas de esconderme en la ducha por el resto del día!

Para algunos individuos, estas diferencias tienen que ver con el metabolismo, ya que todos tenemos la necesidad de dormir en cantidades diferentes.

Marchando al mismo compás en el trabajo

Cuando los individuos lentos llegan a la oficina, tienen que hacer un ajuste bastante fuerte para que su adrenalina fluya. Aquí es donde el tiempo se vuelve muy importante. Creo que aquel totalmente despierto y dinámico necesita tomar la responsabilidad de marchar al mismo compás. ¿Por qué? ¡Porque es más fácil bajar la velocidad que subirla!

Sucede que yo soy uno de esos individuos totalmente despiertos, energético en la mañana. Sin embargo, una de mis coordinadoras de seminario, necesita un par de horas antes de que ella pueda estar lista para trabajar. ¡Cuando lo hace, realmente se mueve! Al principio yo comenzaba el día lleno de ideas para discutir con ella, pero las cosas no salieron bien. Ella no recibía mis ideas muy bien. Pronto aprendí a darle tiempo para establecerse en la mañana. Luego, yo entraría cómodamente y conversaríamos por unos minutos. Después de un rato, yo mencionaría una idea informalmente y hablaríamos un poco acerca de ella; entonces yo interpondría otra idea, sobre la cual discutiríamos. Dentro de poco, estábamos en la misma onda.

Era más fácil para mí bajar la velocidad e igualar su temperamento que para ella acelerar. Pronto pudimos trabajar al mismo compás.

Si tienes compañeros de trabajo que tienen un nivel de energía diferente del tuyo, en tiempos diferentes de los tuyos, aprende a adaptarte a sus temperamentos. Si necesitas tiempo para estar listo en la mañana, explícaselo a tus colegas y déjales saber cuál es la mejor forma de abordarte. Pueda que ayude.

Marchar al mismo compás en la comunicación verbal es la clave para desarrollar simpatía o afinidad. Escuche la historia de un hombre que marchaba al mismo compás en sus contactos telefónicos para aumentar sus ventas. Él era dueño de un servicio de consultas, y desde entonces estaba familiarizado con el concepto de marchar al mismo compás. Él comenzó a igualar el nivel de velocidad de la gente que llamaba pidiendo información. El necesitaba que su conversación telefónica contara, puesto que básicamente este era su único contacto. Si el inquiriente hablaba lento, él hablaba lento; si él hablaba rápidamente, así también lo hacía el vendedor. Para él fue un placer ser sorprendido al descubrir 30% de aumento en el porcentaje de su subscripción, sólo por marchar al mismo compás en la conversación telefónica.

Como lo he dicho antes, marchar al mismo compás con el volumen también ayuda. Si hablas suavemente, usualmente apreciarás a alguien que hable suavemente también. Si alguien habla fuertemente, pronto descubres que él te respeta más por hablar a su mismo nivel de volumen.

Recientemente un amigo mío me recomendó un nuevo libro, *Estilo Social/Estilo de Administración*. Cuando lo leí descubrí que ellos usaban algunos de los conceptos básicos de los cuales he estado hablando aquí, pero los aplicaban específicamente al mundo de los negocios. Robert y Dorothy Bolton hablaron acerca de volverse flexibles y adaptarse a la otra gente:

> Tal como el factor principal en el éxito vocacional es la habilidad de uno de trabajar con la gente, lo contrario también es verdad. La causa principal de la

baja en virtualmente todos los tipos de trabajo son las relaciones no satisfactorias. Por décadas la investigación tuvo como meta descubrir las razones principales para el despido de empleados y ha provisto resultados sorprendentemente consistentes —cerca de 80% son despedidos por relaciones interpersonales inadecuadas.

75% de las personas que son importantes para tu éxito, son diferentes a ti. Usan el tiempo diferente, toman decisiones y prefieren relacionarse en formas diferentes, y tienen estilos diferentes de comunicación.

Para resumir, la alta flexibilidad interpersonal está ahora asociada con el éxito de los negocios y probablemente será un factor aún más importante en los siguientes años".[1]

Un mayor concepto de este sobresaliente libro enfatiza la flexibilidad de estilo. Esto quiere decir que una persona temporalmente se acomoda a su comportamiento para animar a otros a que actúen más productivamente con el. La flexibilidad de estilo te ayuda en la comunicación de tus ideas a otros. Tú puedes moverte a la onda de la otra persona sin perder tu propia integridad o naturaleza. Los autores también definen cuatro tipos de estilos sociales y dan guías específicas para volverse flexibles y responder a otros en su propio estilo. Esta es otra forma de marchar al mismo compás y hablar el idioma de la otra persona. (Los Boltons tienen panfletos disponibles para aplicar sus conceptos al matrimonio y para padres. Los talleres de entrenamiento son también disponibles, y yo recomiendo este libro y sus conceptos a cualquiera.)[2]

El desarrollo de la flexibilidad de usar palabras, frases e imágenes familiares a otra gente es una habilidad importante. Cuando haces esto, le dices a la persona que lo entiendes y que él puede confiar en ti.

¿Cuándo no debes intentar marchar al mismo compás? Hay momentos obvios tales como cuando hablamos con alguien que tiene un tic, alguien que tartamudea, o tiene un acento, comportamiento, o vocabulario que es contrario a tu creencia o sistema de valores.

Aprende a guiar

Volvamos a Jan y Bill. ¿Recuerdan que les pregunté por qué ellos respondieron tan rápidamente a mis sugerencias? Fue porque yo marché a su mismo compás y hablé su idioma. Pero también quería enseñarles a ellos este modelo para que una vez que hayamos establecido afinidad pudiese guiarlos a esta nueva información. Guiar significa que hacemos algo de manera diferente a lo que la otra persona está haciendo.

Muy a menudo muchos de nosotros cometemos el error de intentar guiar sin primero establecer afinidad. Si yo hubiese comenzado mi sesión con Bill y Jan diciéndoles acerca del proceso sin tomar el tiempo de establecer afinidad y dejarles experimentarlo, me hubiera podido ahorrar mi aliento, porque hubiera caído en oídos sordos. Los maestros, lectores, y ministros a menudo violan este principio. Desafortunadamente, algunos sienten que ellos se merecen ser escuchados sólo por quiénes son y por lo que hacen. Aun cuando trabajas con un grupo grande de individuos o enseñas a un grupo de buen tamaño, puedes descubrir formas de establecer afinidad que hará que la gente sea más receptiva a tus palabras.

A menudo conduzco seminarios de 50 a 400 asistentes. Debido a que deseo que las cosas se den suavemente y apropiadamente, usualmente todo ha sido revisado dos o tres veces, y todo está en orden antes de que la primera persona camine por la puerta del seminario. También quiero estar libre de detalles de última hora, para poder saludar a las personas, saber de dónde vienen, y sólo tener interacción personal. Cuando me levanto a enseñar, ya he establecido algo de afinidad con muchos de ellos y puedo evaluar la receptividad y personalidad del grupo dentro de los primeros minutos.

Para medir su nivel de receptividad y crear un nivel más grande de receptividad, al comienzo de mi presentación, a menudo le pido al grupo que se vire, encuentre a alguien a quien aún no han conocido y se presenten. El nivel del volumen me permite saber cuán receptivos ellos pueden ser al comenzar el seminario.

A través de los años también he descubierto el valor de hablar positivamente. En nuestro Seminario de Renovación Matrimonial, hay varias veces en que hacemos que las parejas se reúnan en grupos para discutir sus respuestas a las preguntas y varias veces hacemos que las parejas se sienten cara a cara, tomados de la mano y hablando de uno a uno. "Ustedes van a tener la oportunidad", digo: "de hacer algo que muchas personas realmente disfrutan. Van a tener varios minutos para sentarse cara a cara como pareja y responder a estas preguntas". Vez tras vez enfatizo la palabra oportunidad. Más adelante en el día lo refuerzo señalando algo más que la mayoría de ellos ya conocen. Les dijo, "Yo voy a ayudarlos a redescubrir el modelo de comunicación que a menudo permitimos que se deslice mientras más tiempo estamos casados: habar cara a cara.

De hecho mientras más tiempo estamos casados, más aprendemos a comunicarnos haciendo dos o tres cosas al mismo tiempo. Hacemos los platos, gritamos de un cuarto a otro, tenemos la televisión prendida, preparamos la cena, etc. Nos perdemos de tanto por falta de nuestro contacto visual. Puedo decir por sus miradas y gestos de cabeza que he dado en el clavo.

Otro método de establecer afinidad en una clase ocurre en mi clase de graduados del seminario donde he enseñado por los últimos veinte años. Durante las primeras semanas comienzo cada clase pidiéndoles a los estudiantes que se junten en pares de dos y tomen un minuto para formular una pregunta personal que ellos quisieran hacerme acerca de mi familia. Al principio los estudiantes están un poco vacilantes y se preguntan qué quiero decir. Ellos se preguntan sobre las limitaciones a las preguntas. Durante la primeras sesiones de clases, las preguntas reflejan sus dudas y son de cierta forma generales y a salvo y seguras. Pero con el tiempo ellos se dan cuenta de que pueden preguntarme lo que quieran, y sus manos se levantan y las preguntas se vuelven cada vez más personales. Se vuelven más abiertos y yo también me vuelvo más abierto, y establecemos afinidad más rápidamente y a un nivel más profundo del que habría si esto no hubiese ocurrido.

Primero construya sus relaciones, y la otra persona estará dispuesto a considerar lo que usted tiene que decir y lo que usted quiere que él o ella haga![3].

¿Cómo puedes establecer tus relaciones? Marchar al mismo compás con tus temperamentos, tu lenguaje, tu postura, tu tono, y tu volumen. ¡Sé flexible!

Constructores de vitalidad

1. ¿Qué significa marchar al mismo compás? ¿Qué mensaje le das a otra persona? ¿Eres lo suficientemente flexible para usar esto en tu comunicación?

2. ¿Qué significa marchar al mismo compás de los temperamentos de otra persona? ¿Has hecho esto con alguien en el trabajo? ¿En tu hogar? ¿Has utilizado exitosamente otras clases de marchar al mismo compás en el trabajo? ¿En tu hogar? Da dos ejemplos para cada una de estas preguntas.

3. ¿Puedes hacer que la gente responda rápidamente a tus sugerencias si no desarrollas primeramente afinidad con ellos? ¿Por qué o por qué no? ¿Funciona esto con grupos grandes, también?

4. ¿Qué vas a hacer esta semana con la información de este capítulo? Describe de qué manera cambiará tu comunicación.

Ocho

¿Ves lo que yo veo, oyes lo que yo oigo, y sientes lo que yo siento?

Tres hombres estaban hablando entre sí. Uno le dijo a los otros dos amigos: "Alguien sabe que ver es creer".

El hombre junto a él se volteó y dijo: "Oh, no, Fred, escuchar es creer".

"Lamento informarte", dijo el tercero: "pero ambos están equivocados. Sentir es creer".

¿Quién tiene la razón? ¿Quién está equivocado en esta discusión? Todos lo están. Para algunos ver es creer, para otros escuchar es creer, y para un tercer grupo sentir es creer.

Cómo percibes las cosas

¿Cómo respondes a la vida? ¿Tiendes más a ver las cosas? ¿Tiendes a escuchar más las cosas? ¿Tiendes a sentir más las cosas? Todos nosotros tendemos a responder a lo que ocurre a nuestro alrededor a través de una de estas tres formas. Nuestra percepción del mundo a nuestro alrededor es creada a través de nuestros sentidos visuales, auditivos, kinestéticos (o sentimientos), y nuestros sentidos del olfato y gustativo (olor y sabor). Debido a las influencias sobre nosotros y a nuestras experiencias con nuestro ambiente, tendemos a desarrollar o apoyarnos en uno de estos sentidos o sistemas de admisión más que en otros. Los usamos todos, pero confiamos más fuertemente sobre uno de ellos.

Tú puedes ser una persona orientada a lo auditivo. Tiendes a depender para tu información en palabras habladas. Si eres orientado a lo visual, utilizas tus ojos para percibir tu mundo a tu alrededor, y utilizas imágenes visuales para recordar y pensar. Si eres un individuo orientado a lo kinestético, tiendes a sentir las experiencias. Tanto el estímulo interno como externo son clasificados a través de tus sentimientos y estos sentimientos determinan tus decisiones. En nuestra cultura, muy pocas personas confían tan sólo en olor y sabor.

A un individuo en una profesión científica le irá más fácil en ello si su modo dominante de percepción es visual más que kinestético. No será de mucha ayuda tener sentimientos acerca de las fórmulas o ecuaciones científicas. Por otro lado, para alguien que estudia ballet sería más fácil si él o ella tuviera un sentido kinestético altamente desarrollado.

Recuerdo que cuando estaba en el colegio los miembros de la banda y orquesta tomaban pruebas cada año. Escuchábamos varios tonos para determinar nuestra habilidad. Algunos estudiantes hacían unas muy buenas distinciones auditivas; estos individuos tenían una inclinación auditiva. El sistema de admisión que usamos afectará la forma en que respondamos y breguemos con la vida.

Aunque tenemos un sentido dominante, podemos aumentar nuestro uso de los otros sentidos. A través de los años he aprendido a hacer esto por un sinnúmero de razones. Mi aparato sensitivo principal ha sido el visual. No estoy seguro por qué, excepto que sé que fue de gran manera enfatizado y reafirmado cuando yo era un niño. Yo leo mucho, y tal vez esto ayudó a crear las figuras imaginarias en mi mente. También aprendí a leer música muy bien entre los seis y doce años. A veces aún me frustro con aquellos individuos que no pueden leer una nota de música, pero si les tarareas un tono, ellos pueden tocar quince variaciones en ese tema. Mi orientación es visual. La de ellos es auditiva.

Con frecuencia, mi lado visual sale a flote. Si una de mis secretarias viene a mi oficina y dice: "Norm, aquí hay una carta interesante. Déjame leértela". Yo respondo sin pensar: "Oh, déjame verla". Me gusta leer las cosas porque las proceso más rápido de esta manera. Invariablemente le digo a la gente "mándamelo por escrito", o: "pon tu sugerencia por escrito y envíamela para poder verla". Recientemente escuché la historia de varios empleados de oficina quienes se sintieron frustrados acerca de cómo hacer llegar sus peticiones y sugerencias al vicepresidente. Se acercaron al hombre y hablaron con él, y éste a veces pareció interesado; sin embargo, nada resultó del tiempo que estuvieron conversando. Cuando tres de estos empleados discutieron el problema con su gerente de oficina, él hizo una simple sugerencia: "No es que sus ideas no sean buenas. Simplemente que él ni siquiera las percibe. Yo creo que él es la clase de persona, que nos guste o no, necesita que todo llame su atención por escrito. Sé que esto significa un poco de trabajo extra para ustedes, pero tratemos de presentar todo por escrito. Esto no quiere decir que no puedan compartir sus ideas en persona, pero al mismo tiempo ténganlo mecanografiado en detalle, y veamos qué sucede". Se quejaron un poco, pero siguieron la sugerencia. ¡Qué sorpresa cuando sus ideas, las que el jefe aparentemente había descartado antes, fueron ahora aceptadas! ¿Por qué? Porque el vicepresidente era una persona visual y le gustaba tener toda esta información por escrito. Cuando sus empleados comenzaron a hablar su lenguaje, ¡él comenzó a escuchar!

Cuando escucho nuevas ideas o conceptos, ya sean sencillos o complicados, mi lado visual comienza a pensar, ¿Cómo puedo diagramar estos conceptos y ponerlos en un acetato a fin de comunicarlos mejor a aquellos a quienes enseño?

Resumamos lo que he estado diciendo para ver si ya están en contacto con ello. (Dense cuenta que he usado palabras para los tres sentidos.) Tenemos tres sentidos principales - *oír, ver, y sentir*. Preferimos uno sobre los otros dos para percibir la vida, almacenar nuestras experiencias, y tomar nuestras decisiones. ¿Cómo descubrimos qué sentidos preferimos? Nuestro *lenguaje* nos delata:

La persona visual utiliza términos como:

Ya veo lo que dices.
Me parece bien.
No tengo la idea muy clara todavía.
Esto todavía está un poco confuso para mí.
Cuando preguntaron me quedé en blanco.
Eso trae nueva luz al problema.
¿Entiendes mi *perspectiva*?

Estas son algunas de las palabras más típicas que escucharás a una persona visual utilizar:

enfocarse	colorido
ver	lindo
claro	fisgar
brillante	vislumbrar
figura	imagínate
perspectiva	date cuenta
muestra	color
obscuro	

La persona auditiva utiliza términos como:

Eso me hace *recordar* algo.
Suena bien.
Te *escucho*.
Estoy tratando de *entrar* en la onda de lo que dices.
Escucha esta idea nueva.
Tuve que *preguntarme*.
Ahora, *entiendo* esa idea.

Estas son algunas de las palabras típicas que escucharás a una persona auditiva decir:

escucha	alto
decir a gritos	gritar
hablar	dijo
oír	tono
armonía	suena
ruidoso	decir
discutir	amplificar
llamar	

La persona kinestética usará frases tales como estas:

No puedo *tratar con esto*.
Tengo un buen sentir acerca de este proyecto
¿Puedes ponerte en contacto con lo que estoy diciendo?
Es fácil seguirte en lo que estás diciendo.
No *comprendo* lo que estás tratando de hacer.
Esta es una situación *pesada*.

Algunas de las palabras típicas utilizadas son:

sentir	irritado
firme	torpe o mal hecho
toque	agresivo
presión	relajado
tenso	comprender

concreto	suave
dolor	tratar
susceptible	fluido

Algunas palabras que comúnmente usamos no tienen relación con ninguno de estos tres sentidos. Estas son:

saber	necesitar
pensar	experimentar
recordar	decidir
cambiar	negociar
querer	pretender

¿Cuál es tu sentido más fuerte? ¿Estás consciente de ello? ¿Habías considerado esta idea antes? Para mí es fácil cerrar mis ojos y hacer una imagen en mi mente de una experiencia del pasado o de una experiencia anticipada. Cuando leo una novela, veo la acción en mi mente, en color vívido, y podría describir todos los detalles visuales. Pero esto será difícil para otras personas. Tal vez me sea difícil experimentar el olor de una flor en mi mente. Podría hacer el esfuerzo, pero para otros sería más fácil. Algunas personas con sólo pensar pueden oír el sonido de la vida a su derrededor. Algunos individuos tienen imágenes mentales muy vívidas, mientras que otros tienen imágenes desvanecidas y algunos ninguna en lo absoluto. Algunos de nosotros vemos oraciones en nuestra mente.

Al hablar con otros, te preguntarás cuál es su sentido dominante. ¿Cómo lo puedes descubrir? Hay momentos en que en verdad no es aparente, y tú no sabrás desde el principio qué forma de comunicación funcionará mejor. Así que necesitas experimentar. Si no estás seguro de cuál es el estilo de sentidos dominante, varía tus preguntas. Pregunta: "¿Te *parece* bien esta idea?" "¿Cómo te *sientes* con respecto a invertir en este nuevo programa?" Si después de un rato un planteamiento no parece funcionar, cambia a otro, y, si este no funciona, trata el tercero.

Lo que a veces percibimos como resistencia por parte de otra gente tal vez no sea resistencia alguna. Simplemente estamos hablando el lenguaje equivocado, y necesitamos cambiar. A veces será una ayuda preguntarle a la gente cómo quisiera que la información fuese presentada. Ellos apreciarán tu sensibilidad y voluntad de aprender su lenguaje.

Recuerdo a un hombre quien se me acercó una vez y dijo: "Norm, quisiera revisar este nuevo programa contigo, y lo puedo hacer de dos maneras. Puedo dejártelo ver primero y repasar las páginas resumidas, y luego tú puedes hacerme preguntas, o puedo sentarme contigo y explicártelo paso a paso. ¿Cuál preferirías?" ¿Cuál creen ustedes que yo escogí? Correcto. Lo leí y luego hice las preguntas.

Un representante de ventas se me acercó un día y dijo: "Norm, simplemente tienes que escuchar acerca de este nuevo programa de pruebas que tengo. He estado esperando contarte todo acerca de éste, para que realmente puedas tener la sensación de que es lo que vamos a hacer". No estuve tan convencido con el planteamiento de esta persona. Pero alguien de la misma compañía me llamó más tarde y me dijo: "Norm, he estado preguntándome si estarías interesado en conocer acerca de nuestro nuevo programa. Tal vez te interese saber hacia dónde vamos. Puedo hacer dos cosas. Puedo darte un breve reporte por teléfono, y luego tú me puedes decir qué te parece, y podemos proceder en más detalles. O puedo pasar por tu oficina con una perspectiva general y revisar el programa completo paso por paso. ¿Cuál preferirías? Al usar mi terminología y darme una opción, él habló mi lenguaje.

Marchar al mismo compás y percibir

Regresemos a nuestro término del capítulo anterior: marchar al mismo *compás*. La forma más efectiva de aplicar esta nueva información es incorporarla a fijar el ritmo. Fijar el ritmo es lo que hicimos con Bill y Jan. En esa situación yo fui lo suficientemente flexible para incorporar su vocabulario al mío. Toma más trabajo cuando estás hablando con dos individuos diferentes quienes hablan dos lenguajes diferentes, pero el esfuerzo vale la pena.

Veamos algunas conversaciones y clasifiquémoslas con las palabras *visual, kinestético* y *auditivo.*

Visual: "Querida, si revisas otra vez el arreglo del cuarto, verás que he tomado tus necesidades en consideración. He fijado mi atención en los lugares importantes en el cuarto. Para mí se ve bien. No sé por qué estás tan molesta por ello".

Kinestética: "No lo sé .... sigo teniendo la impresión de que algo está mal. Tengo este sentir al respecto. Tú sabes, no puedo señalar qué es .... Es simplemente un poco incómodo".

Visual: "Vamos. Sólo estás enfrascada en tu propio punto de vista acerca de esto. Míralo desde mi perspectiva. De esta manera el cuarto está más alumbrado, y tenemos más espacio para caminar. Párate aquí y mira alrededor del cuarto".

Kinestética: "No sé. No creo que entiendas cómo me siento acerca de este cuarto. No puedo explicarlo pero si lo dejamos así, simplemente no va a funcionar".

¿Qué está pasando en esta conversación? Bueno, tenemos dos puntos de vista diferentes (¡ahí está mi sentido visual otra vez!). Pero el problema principal es que ellos están hablando por encima de ellos. No se están conectando. Uno usa palabras que se refieren a cómo él ve las cosas, y el otro palabras que reflejan cómo ella se siente. Escuchemos otra discusión entre un visual y un auditivo.

Auditivo: "John, quiero hablar contigo sobre algo que ya hemos hablado antes. Sé que estamos listos para mudarnos al cuarto adicional, pero aún tengo algunas ideas, y quiero saber qué te parecen. Ahora, por favor escúchame, porque están un poco enredadas".

Visual: "¿Bueno, me las tienes bosquejadas? Déjame verlas primero, y luego tomamos acción. Esto nos ahorrará bastante tiempo, pues tengo bastante que hacer en este momento".

Auditivo: "Bien, aún no están terminadas. Recién he empezado a ponerme en contacto con ellas, y pensé que podríamos discutirlas. Tú sabes, yo quiero tener algo que decir en el resultado final".

Visual: "Oh, estoy de acuerdo. Tú necesitas que tus puntos de vista estén reflejados en esta nueva adición. Pero para que yo me concentre en lo que estás tratando de presentarme, me gustaría que tuvieses algo definitivo para mostrarme. Por qué no lo formulas claramente, y luego hablamos".

Una vez más mala comunicación. Ellos están hablando dos lenguajes diferentes, pero si uno o ambos pudieran cambiar, ellos se armonizarían.

Aquí hay otro ejemplo de marchar al mismo compás con los tres planteamientos. ¡Puede hacerse!

Visual: "Al ver estos planes que me diste para el nuevo arreglo del cuarto, tengo más preguntas. No tengo claro dónde vamos a poner todos los muebles viejos y nuevos".

MARCHANDO AL COMPÁS: "Bueno, creo que puedo ver a qué se debe tu preocupación. Tal vez no esté tan claro para mí tampoco, pero déjame tratar de pintar una imagen de lo que tengo en mi mente. Supongo que necesito ilustrar esto para ambos para que podamos descubrir la solución".

Auditivo: "John, hablemos más acerca de la nueva adición. Anoche escuché tus ideas, y como he tenido algo de tiempo para considerarlas, me pregunto si estamos en la misma onda. Ahora, esto es lo que quiero decir".

MARCHANDO AL COMPÁS: "Bien, te escucho. Trataré de sintonizarme con tus pensamientos en este cuarto. Quiero que sea cómodo para ambos. Quiero con seguridad que ambos estemos en armonía con respecto a este cuarto, ya que tendremos que vivir con él por los próximos años".

Kinestético: "Lo siento, pero no puedo entender lo que estás diciendo. Simplemente no es lo suficientemente concreto para que yo pueda comprenderlo. Quiero que este cuarto sea cómodo para mí y para todos los demás. Hasta aquí lo que me has descrito no parece encajar".

MARCHANDO AL COMPÁS: "Bueno, entiendo lo que estás sintiendo. Estamos coincidiendo en esto aunque tú no lo sientes así".

La persona marchando al mismo compás pudo ajustar su vocabulario al de la otra persona. Este es un ejemplo clásico de hablar el lenguaje de la otra persona. El que marchaba al mismo compás tradujo su lenguaje para que se acomodara al de la otra persona. Puedes actuar como traductor cuando hablas con otra persona.

También puedes actuar como traductor para dos personas que tienden a hablar lenguajes diferentes. Volvamos nuevamente a Jan y Bill. Bill dijo: "Ella me sigue mostrando sus ideas para la cena de la boda, pero para mí no tiene sentido. Ella quiere que se vea bien, pero como está puesto ahora parece desorganizado, y no hay suficiente tiempo distribuido entre los diferentes eventos.

En este punto, Jan hizo oír su opinión y dijo: "Bill tú eres simplemente insensible a lo que es importante para mi familia. Mamá, papá y yo hemos hablado, y sentimos que esta es la mejor forma para tener la cena. Tú no puedes aceptar el hecho de que las personas hacen las cosas de forma diferente, y puede funcionar. Después de todo papá está pagando esta parte, también, así que ellos tienen derecho a participar".

Puesto que ellos no se estaban escuchando, interrumpí en ese momento, y dije: "Bill, creo que Jan simplemente está tratando de mostrarte que aunque tú tienes una perspectiva diferente, sí va a salir bien. Ella quisiera que tú lo vieras desde el punto de vista de su familia. Jan, tal vez podrías tratar de sentir el trasfondo de Bill. Quizá él se siente un poco abrumado porque tu familia lo está haciendo. Por qué no aclarárselo un poquito; y así terminarás sintiéndote mejor al respecto". Ambos parecieron escucharme cuando presenté la solución de esta forma. Su lenguaje y forma de pensar es diferente. El lenguaje de los sentimientos es diferente del lenguaje de la vista, y el lenguaje del sonido es diferente de los otros dos.

Consideremos este planteamiento en el campo de los negocios. He aquí un ejemplo concerniente a la presentación de una casa a posibles compradores. Al leer estas tres descripciones siguientes, ¿qué casa te llama más la atención?

El siguiente material reimpreso con permiso del autor y Publicista, Robert Dilts - APLICACIONES DE LA PROGRAMACIÓN NEUROLINGÜÍSTICA 1983 PUBLICACIONES META, CUPERTINO, CA USA

1. Esta es una casa bastante pintoresca, con un toque peculiar. Podrás ver que se ha hecho mucho énfasis en el colorido patio y área de jardín. La casa tiene mucho espacio de ventanas, para que puedas disfrutar de la vista. Está claro que es una buena compra.

2. Esta casa está bien construida y bien situada. Está en un área tan callada que todo lo que oyes cuando cami-

nas fuera son los sonidos de los pájaros cantando. Su interior como de libro de cuentos tiene tanta personalidad que te preguntarás cómo pudiste haberla pasado por alto.

3. Esta casa no está tan sólo sólidamente construida, si no que tiene algo especial. No muy a menudo uno se encuentra con un lugar que tiene tantos rasgos importantes. Tiene suficiente espacio que realmente sientes que te puedes mover alrededor libremente, sin embargo lo suficientemente acogedora que no te cansarás de cuidarla.

¿Cuál casa escogiste?

Tal vez ya lo has descifrado, las tres descripciones conciernen a la misma casa. Cada una fue escrita para apelar a los diferentes sentidos. Si te inclinaste por la primera casa, seguramente eres más orientado a lo visual (vista). Si te impresionó más la segunda casa, probablemente eres orientado a lo auditivo (sonido). Y si preferiste la tercera, es muy probable que seas orientado a los sentimientos.[1]

Tal vez puedas pensar en otras áreas de negocios en las que puedas aplicar este tipo de proceso de comunicación.

Apelación al sentido

Te das cuenta o no, cada día nos enfrentamos a numerosos ejemplos de apelación a nuestras tres áreas de sentidos. Los escritores de anuncios toman estas ideas en consideración; los autores intentan pintar cuadros de palabras que apelan a los tres sentidos. Lo mismo hacen los maestros.

A menudo, cuando yo enseño, le pido a mis estudiantes que cierren sus ojos y usen sus imaginaciones mientras yo comparto una experiencia con ellos. Un ejemplo como tal es el del comienzo de nuestro Seminario de Renovación de Matrimonio:

Antes de comenzar nuestro viaje, deben seleccionar un camino. Un camino de muchos caminos posibles. Y no siempre conocerán el terreno que cubrirán hasta que comiencen. Al contrario del excursionista de montañas promedio, una persona que comienza en el camino del matrimonio no puede examinar un mapa del servicio de bosque o interrogar a un guardia acerca del sendero que está por delante. Tampoco tiene la ventaja de señales a lo largo del sendero que le avisan con tiempo la distancia exacta o si el camino está clasificado como fácil, moderado o difícil.

Imagínense a un excursionista parado en la base de la montaña. Él debe seleccionar el camino. Ninguno de los caminos está completamente nivelado; ninguno de ellos es una suave pendiente colina abajo. Cada uno de ellos requerirá de trabajo, energía, paciencia, perseverancia y paso estable.

Al pararse en el sendero y comenzar su ascenso, el excursionista tiene tiempo de darse cuenta y maravillarse de lo que le rodea. Está fresco y descansado. Establece un paso moderado. Habiendo realizado la adecuada preparación física, él no se siente ni acabado ni cansado. Asimila los sonidos de la vida salvaje y el viento en los árboles. Su sentido del olfato es despertado por el aroma del bosque y las flores. Sus ojos abrigan escenas de pinceles vívidos y columbina, corteza de álamo y pinos florecientes, las ardillas estacionarias en las rocas y los troncos, y el siempre alerta halcón deslizándose por encima silenciosamente. El excursionista puede disfrutar plenamente y sentir el gozo de que todos sus sentidos tomen vida, deteniéndose ocasionalmente.

Otra actividad divertida que conducimos en el seminario más adelante es una prueba de compatibilidad chistosa basada en cómo pelan una naranja. Le digo al grupo: "Quisiera que cerraran su ojos, y usando el don de la imaginación que Dios les ha dado, se visualicen sentados a una mesa. En la mesa hay un recipiente con naranjas grandes, maduras y jugosas. Véanse alcanzando el recipiente y al seleccionar una naranja, sientan la textura de la cáscara. Al comenzar a pelar la cáscara, el jugo comienza a correr, y ustedes huelen el aroma de naranja madura. Comienzan a anticipar el clavar sus dientes en la pulpa suave y a experimentar la dulzura de la fruta".

¡Algunas personas comienzan aun a salivar tan sólo de pensar en la experiencia!

Cuando escuchas películas, televisión, maestros, o ministros fíjate (¡he aquí una palabra visual nuevamente!) en como te está siendo presentada la información. Algunos anuncios, disertaciones, sermones, o ilustraciones que no son atractivas para ti serán atractivas si la persona que da la presentación la pone en tu lenguaje. Si la gente no está respondiéndonos, ¡es tal vez porque no estamos poniendo nuestras respuestas en su lenguaje!

Algunos escritores tienen una habilidad sobrenatural con las palabras. El doctor Charles Swindoll es uno de mis autores favoritos. Me gusta lo que dice, pero también me atrae porque él da tanto detalle que puedo construir figuras en mi cabeza. He aquí un ejemplo:

> "Sopla esa capa de polvo del libro de Nahum en tu Biblia y captura fugazmente la última parte del verso 3, capítulo 1. *"Jehová marcha en la tempestad y el torbellino..."* (RV)

> Es bueno recordar esto cuando estás en aguas revueltas, sofocantes como lo estuve yo unas semanas atrás. Me motivó a recordar la presencia de Dios mientras la lluvia fuerte de obscuras nubes sangraba profusamente en misteriosas explosiones etéreas de rayos cortantes y retumbantes truenos. Al ser testigo de este drama atmosférico, me recordé a mí mismo de

su Director quien, una vez más, estaba haciendo lo suyo en el torbellino y la tormenta.[2]

Un énfasis diferente es expresado en este breve extracto del mismo libro:

> *Niños*: Ellos expresan sus sentimientos. En lo profundo de sus frágiles pozos internos hay una multitud de necesidades, preguntas, heridas y deseos. Como un pequeño balde, sus lenguas derraman estas cosas. El padre ocupado, insensible, preocupado, abrumado a lo largo del día, se pierde muchas pistas y navega por encima de momentos exclusivos que nunca se repetirán.[3]

Qué habilidad tan perspicaz para visualizar ha demostrado el doctor Swindoll en su escritura descriptiva. No te queda duda de que él *ve* las cosas, él es el tipo de persona visual.

Los psicólogos pueden usar también la apelación a los sentidos para ayudar a la gente que no tiene una imagen clara y positiva de sí mismos. En consejería, un psicólogo podrá ayudar a un cliente a vencer su pensamiento negativo y preocupante ayudándole a reemplazar su imagen negativa de sí mismo. He aquí un ejemplo de como una persona puede eliminar la preocupación acerca de una presentación usando un ensayo del rol visual:

> Siéntese o acuéstese. Póngase cómodo. Cierre sus ojos. Inhale y exhale lenta y profundamente. Permítase relajarse. Profundice en su relajamiento con cualquier técnica que funciona mejor para usted. Vaya a un nivel donde pueda visualizar, donde las imágenes fluyan libre y fácilmente. Permita que venga a su mente la imagen de un salón de reunión donde usted ha sido invitado a dar una charla. Imagínese que está al frente del salón. Mire a través del salón. Fíjese en los detalles —el color de las paredes, la ubicación de la puerta y el material del que están hecha—. Fíjese

en las ventanas y los cuadros en las paredes. Ahora mire las sillas; note cómo están acomodadas y de qué están hechas. Mire a la gente. Mire la clase de ropa que están usando. Mire si usted reconoce algún amigo o colega en el grupo. Ahora imagínese caminando hacia una mesa o atril para comenzar su charla. Mire de qué está hecha la mesa, ponga sus manos sobre ella y siéntala. Tome unas cuantas respiraciones profundas hasta que se sienta calmado, claro y relajado. Escuche como la gente en la audencia hace silencio. Permita que la quietud entre a usted y lo calme. Vea a la gente mirándolo a usted de una forma amigable e interesadamente. Ahora escúchese a sí mismo comenzando a dar la charla. Su voz es lo suficientemente clara y alta para que todos escuchen. Su discurso es organizado, interesante, y comunica exactamente lo que desea decir. Mientras habla, usted se siente más cómodo y aumenta su confianza en sí mismo. Usted puede decir por la expresión en los rostros que la gente en el auditorio ha entendido lo que usted ha dicho y están estimulados por ello. Al terminar la conferencia, usted escucha que comienza una conversación emocionada entre la gente del auditorio. Un sinnúmero de personas vienen hacia usted con preguntas estimulantes y usted presto les responde.[4]

Apela a los sentidos y evita resistencia

¿Las personas a menudo responden a tus peticiones, o a menudo experimentas frustración porque no lo hacen? ¿Te confundes a veces porque una solicitud perfectamente lógica o propuesta de tu parte encuentra resistencia? Si es así, tal vez has presentado o hecho la solicitud de tal manera que no tiene sentido para la otra persona, o no capta su atención porque no has usado su lenguaje.

Tal vez te ha sucedido en algo tan simple como sugiriéndole a tu pareja sobre lo que te gustaría hacer para las vacaciones. Si te descuidas en presentarla de acuerdo a lo que tu cónyuge disfruta haciendo, puede que te rechace.

John tenía una excelente idea para una vacación (al menos eso pensó él), pero cuando se la presentó a su esposa Joan, ella se mostró desinteresada y negativa. Según me contó en una sesión de consejería: "No puedo entenderla. Usted ha sugerido que tomemos algún tiempo juntos y reconstruyamos nuestra relación, pero cuando yo sugerí esta excelente idea de un viaje a México, ella la acabó".

Yo respondí: "John, dices que tú le sugeriste la idea. Dime exactamente como se la propusiste.

"Bueno", dijo él: "cuando llegué a casa, entré por la puerta principal y le grité, querida, tengo este excelente plan de diez días de vacaciones para nosotros, y podemos ir el próximo mes. ¿Dónde estás? Quiero mostrarte esto. Y entonces la encontré preparando la cena en la cocina, y le dije: Mira esto. Diez días de vacaciones en México a un precio que podemos afrontar. Échale una mirada a este folleto. Ya revisé mi horario y en cinco semanas estoy libre, y nos podemos ir. Mira estas fotos de las playas de arenosas, ¡y la pesca allá es excelente! Te llevan a pasear en unos botecitos, para evitar luchar contra el gentío, y estás lejos de las congestionadas ciudades. Sólo piensa, diez días para vagar por las playas, descalzo, cocinando pescado fresco sobre carbones. ¿No te parece excelente? Pero ella no se mostró interesada".

"¿A Joan le gusta que surjas con sorpresas, o prefiere ser parte del proceso de seleccionar algo? Pregunté.

John pensó un minuto: "Hmm..., no, supongo que a ella le gusta participar viendo las cosas y dando su opinión".

"Bien, ¿puede ella manejar bastante información de una sola vez, o prefiere que le sea presentada parte por parte a fin de que pueda considerarlo, hacer preguntas, y pensarlo?"

John se sentó silenciosamente por un minuto, luego dijo: "Vaya, tienes razón. Supongo que soné abrumadoramente. A ella le gusta pensar en las cosas y tomar un paso a la vez".

Yo continué: "Parece que enfatizas las cosas que *tú* disfrutas haciendo. ¿Son: pescar, caminar en la arena de la playa, y cocinar pescado fresco, sus actividades preferidas en vacaciones?"

John se desplomó en su silla, movió su cabeza, y sonrió: "Oh no. Ya veo lo que hice. Me has estado diciendo que le hable de manera que ella se sienta cómoda, y lo hice mal otra vez. Por supuesto que la pesca no es su actividad preferida en vacaciones. A ella le gusta pescar un par de horas al día por dos o tres días, pero disfruta más de pasear y explorar nuevas áreas, e ir de compras en tiendas nuevas y visitar galerías de arte. Hombre, si tuviera que hacerlo todo otra vez, creo que me le hubiera acercado con algunas preguntas, para atraer su atención".

"¿Como cuales, John?"

Pensó por un momento y luego me dijo: "Bueno, si tuviera que hacerlo nuevamente, hubiera ido a casa, y luego de haber hablado acerca del día, le hubiera preguntado, ¿Has soñado alguna vez con dormir hasta tarde en la mañana y luego haraganear debajo de unas palmas mientras desayunas? Si ella me hubiera preguntado por qué, le hubiera dicho, por nada. Sólo quería saber. Más tarde diría, ¿Has pensado alguna vez en explorar ruinas Mayas con tu cámara para ver qué puedes descubrir? ¿Cómo te sienta eso? Si yo hiciera eso, ella, luego de un rato, dejaría de hacer todo y me preguntaría, está bien, algo tramas. No estás preguntando por preguntar. Hay una razón, y tengo curiosidad. ¿A dónde quieres llegar? Entonces ella *querría* saber. Tienes razón. *Somos* diferentes. Me acerqué a ella en la forma en la que *yo* quisiera que se acercaran a mí. Pero le pasé por encima. Sin embargo, creo que puedo salvar el día. Voy a desarrollar un nuevo plan, y creo que esta vez ella me va a escuchar". Su esposa sí lo escuchó porque hizo una presentación diferente.

¿Cómo expresas tus ideas a los miembros de tu familia y asociados o miembros de comité? ¿En tu lenguaje o en el de ellos? Aun variar el tipo de pregunta que usamos ayuda al otro individuo a darse cuenta de que podemos relacionarnos con su mundo y su manera de ver la vida.

Preguntas y declaraciones visuales :

Te parece ...
Tú lo ves de esta manera ...
¿Lo ves de esa forma?
¿Qué te parece?

Preguntas y declaraciones kinestéticas:

Como que estás sintiendo que ...
Estás comunicando un sentido de ...
De cierto modo me parece que tú sientes ...
¿Quieres decir que esto te hace sentir ...?

Preguntas y declaraciones auditivas:

Al escucharte, me parece como si ...
Realmente te escucho decir ...
¿Qué quisieras expresarle a ella?
Como que te escucho decir que ...

Manténte alerta a los movimientos de los ojos

Ahora consideremos el concepto más inusual en toda esta discusión. ¿Has hablado alguna vez con alguien y notado que sus ojos se desvían de mirarte directamente a ti? Tal vez la persona lanzó una mirada hacia arriba y hacia la derecha por un rato o miró hacia abajo y hacia la derecha. ¿Has estado en un salón de clases ya sea como participante o como maestro y te fijaste que uno de los miembros de la clase está mirando hacia arriba y hacia la izquierda? ¿Te has fijado en los movimientos de los ojos de dos individuos envueltos en una conversación?

Los movimientos de los ojos de un niño o de un adulto no son movimientos casuales. Tienen un propósito específico. Tal vez te preguntas si con la falta de contacto visual la persona está indicando que está incómoda, simplemente no está escuchando o está soñando despierto. Pero hay otras posibilidades. Mirar los ojos de las personas al conversar con ellos, o aun cuando hablas frente a un grupo, te da una idea de lo que ellos están pensando. ¿Suena esto a leer la mente? Antes de que descartes la idea continúa leyendo. Escuchar con los ojos es una habilidad no desarrollada para la mayoría de nosotros, pero esta información te hará un mejor oidor.

Los movimientos de los ojos son la puerta a los pensamientos de una persona. Por ejemplo, si una persona cambia los movimientos de los ojos de arriba a la derecha, él está en el proceso de *construir una imagen visual*.

Si la persona mueve los ojos hacia arriba y hacia la izquierda, está *recordando imágenes previas*.

La obra de arte y texto acompaña esta página y la próxima han sido reimpresos con permiso del autor y editor. Robert Dilts - Aplicaciones del Programa Neurolingüístico 1983 Meta Publications, Cupertino, CA USA.

Si un individuo mantiene los ojos a un nivel y los mueve hacia la derecha, está en el proceso de *construir sonidos*.

Si una persona mantiene los ojos a un nivel y los mueve hacia la izquierda, está *recordando sonidos escuchados con anterioridad*.

Si un individuo mira hacia abajo y hacia la derecha, está *experimentando sentimientos*.

Si la persona está mirando hacia abajo y hacia la izquierda, probablemente se está *hablando a sí misma*.

(Estos cuadros se aplicarán en sentido contrario a muchos individuos zurdos)[5]

Si el estudio de los movimientos de los ojos suena como una idea radical, he aquí un ejemplo de los varios movimientos de ojos y su significado en mi experiencia como consejero con un hombre al que llamaré Frank. En una discusión con él me di cuenta de lo siguiente: Frank miraba hacia arriba y hacia la izquierda cuando él estaba *recordando* la *mirada* en el rostro de su esposa cuando él le dio un regalo. Cuando habló acerca de lo que pensó sucedería como resultado de llevar a su esposa en un viaje sorpresa, miró hacia arriba y hacia la derecha al *construir una imagen de cómo respondería ella. Más adelante en nuestra discusión él miró hacia abajo y hacia la izquierda mientras se hablaba a sí mismo* acerca de cualquiera de las imágenes anteriores. *Al recordar una vez* cuando su esposa *compartió* con él cuánto lo amaba, él miró derecho y a un nivel, pero a la izquierda. *Al construir diferentes maneras* de compartir con su esposa cuánto significa ella para él, él miró derecho y a un nivel y hacia la derecha. *Al experimentar el sentimiento* de ser amado, él miró hacia abajo y hacia la derecha.

¿Qué quiere decir todo esto? Quiere decir que mientras más observador seas, te volverás más sensible y podrás comunicarte mejor.

Consideremos este planteamiento en el campo de los negocios. Un cliente y un agente de bienes raíces han estado hablando durante algún tiempo. El cliente mueve sus ojos a un nivel y luego hacia la izquierda y dice: "Sigo teniendo la impresión de que algo falta en esto. Pero no puedo señalar qué es". Mire nuevamente a las sugerencias relacionadas con los movimientos de ojo. ¿Está el cliente construyendo nuevas imágenes, sintiendo algo, hablándose a sí mismo o recordando imágenes y figuras? No, ella probablemente está recordando haber escuchado algo. El agente quien es sensible a esto responde diciendo: "Bueno, me alegra que me lo hayas dicho. ¿Hay algo sobre lo cual necesitamos *hablar*? ¿Aún sigues preocupado por el problema del *ruido* en este vecindario?"

En nuestras conversaciones con la gente, el uso apropiado de preguntas puede animarles a compartir lo que ellos están experimentando así como comunicarles nuestra sensibilidad a sus sentimientos y circunstancias. Demasiado a menudo usamos preguntas generales como: "¿Qué piensas?" o "¿Qué sientes?" que tal vez yerren el tiro. Si la persona con quien estás hablando mueve sus ojos hacia arriba y hacia la derecha, cómo responderías. Tal vez digas: "¿Me pregunto qué figura, imagen o cuadro está viniendo a su mente en este momento?" o: "¿Me pregunto qué te parece o cómo lo ves?"

Si la persona mira hacia arriba y hacia la derecha podrías decir: "¿Me pregunto qué imagen de tu álbum de fotos está viniendo a tu mente en este momento?" Si la persona mira hacia la derecha pero sus ojos están a un nivel, podrías decir: "Tal vez estás comenzando a escuchar cómo suena".

Si la persona está mirando a un nivel y hacia la izquierda, una pregunta como: "¿Cómo te sonó aquéllo expresado cuando lo escuchaste por primera vez? Sería apropiada. O: "¿Recuerdas haberla escuchado a ella hacerte ese comentario?"

Cuando el individuo mira hacia abajo y hacia la derecha podrías responder con: "Parece que estás sintiendo algo en este momento", o "Me gustaría captar el sentimiento que estás experimentando en este momento", o "Parece que estás sintiendo algo en este momento".

Mientras la persona mira hacia abajo y hacia la izquierda tú podrías responder: "Si pudiera escuchar en el interior de tu mente ahora, me preguntaría qué estás diciendo".

Trata de experimentar en alguna ocasión con estas ideas. Tal vez te sorprendas con los resultados. Pregúntale a un grupo de individuos las siguientes preguntas y fíjate en los movimientos de sus ojos:

Quisiera que crearas en tu mente una imagen de la casa de tus sueños.

Recuerda el primer carro que tuviste o que manejaste. ¿Cómo era?

Me gustaría que recordaras alguno de los primeros cumplidos que tus padres o tu pareja te dieron. ¿Cuáles eran?

Probablemente descubrirás a muchos individuos reflejando estos movimientos de ojos. Date cuenta que dije muchos, no todos seguirán el patrón sugerido. Algunas personas no son tan expresivas.

Tal vez la información en este capítulo sea chocantemente nueva y te cueste aceptarla. Antes de que tomes tu decisión final, prueba las ideas. A medida que estás dispuesto a cambiar tu estilo de comunicación y ser más flexible, ¡tu comunicación con otros será revolucionada!

Recuerda lo siguiente:

Marcha al mismo compás del individuo usando su lenguaje y sentido dominante. Al hablar con otros, te volverás más consciente de tus propios movimientos de ojos. Ahora vas a ser sensible a tus ojos y lo que está ocurriendo dentro de ti. ¡Créeme! ¡Sucederá! Me ha sucedido a mí, y como resultado me conozco mucho mejor.

"El oído que oye, y el ojo que ve, ambas cosas igualmente ha hecho Jehová". (Proverbios 20:12)

Constructores de vitalidad

1. ¿Cuáles son las tres formas de percepción que son más comunes en nuestra sociedad? ¿Cómo puedes adivinar cuál es la más importante en la vida de una persona?

2. ¿Cuál método de percepción es el más dominante en ti? ¿Cómo lo sabes?

3. ¿Cómo puedes utilizar el marchar al mismo compás y la percepción para mejorar tu comunicación? ¿Cómo puedes actuar como traductor para dos personas con diferentes métodos de percepción?

4. ¿Cómo usan las personas el sentido de apelación diariamente? ¿Cómo puedes usar tu consciencia de esto para presentar tus ideas efectivamente hacia otros?

5. ¿Has visto los movimientos de los ojos de otra persona para descubrir lo que él está pensando? Trata de darte cuenta de aquellos bosquejados en este capítulo y ponerlos en uso en tu comunicación.

6. ¿Qué harás esta semana con la información de este capítulo? Describe de qué manera variará tu comunicación.

Nueve

El lenguaje de
los sentimientos

Santiago se sentó en mi oficina, se veía un poco decaído y sonaba aun más cuando se desplomó en el brazo de la silla. Levantó su mirada hacia mí, y con sus manos abiertas en un gesto de frustración, dijo: "Simplemente no sé que decir. Me doy cuenta de que no soy tan bueno en mi comunicación, pero esta parte de compartir mis sentimientos me confunde. La mitad del tiempo ni siquiera sé lo que estoy sintiendo, mucho menos sé cómo describirlo. ¿Qué es lo que soy? ¿Algún tipo anormal?"

"Suenas tanto frustrado como confuso", respondí. Pero permíteme asegurarte, que no estás solo en tu predicamento. Muchos, muchos hombres hoy en día están en tu posición. Se nos dice que tenemos que compartir nuestros sentimientos, y sería más saludable hacerlo, pero es como decirle a una persona inválida que se ponga de pie y camine. Es más como si estuviésemos impedidos en nuestra expresión, que emocionalmente muertos. ¿Cómo podemos compartir algo que nunca se nos ha enseñado? ¿Quién nos va a ayudar?"

"Eso es", dijo Santiago. "Me siento emocionalmente incapacitado. Mi padre nunca compartió mucho acerca de sus emociones o sentimientos, así que supongo que entendí el mensaje temprano en la vida de que el que un hombre tuviera emociones o sentimientos era sinónimo de debilidad. Así que aquellos que yo experimentaba simplemente los enterraba o cubría con la esperanza de que desaparecieran. Pero otras personas a mi alrededor ya no me están permitiendo seguir así. ¿Qué puedo hacer ahora?"

Santiago acababa de hacer una pregunta importante que a menudo escucho en mi práctica.

¿Qué es una emoción?

De las tres áreas de sentidos que hemos estado discutiendo —visual, auditiva, y kinestética (o de sentimiento)— la última es la más difícil para muchos, especialmente para los hombres. Es cierto, algunas mujeres tienen dificultades también, pero en la cultura norteamericana son predominantemente los hombres los que padecen esta "enfermedad" invalidante, según lo ha documentado la consejería y los seminarios en las últimas dos décadas. Las mujeres están más familiarizadas con el lenguaje de las emociones que los hombres, porque a ellas se les ha animado y enseñado a expresarse y valorar la emoción. Ellas han desarrollado un lenguaje de emociones con el cuál se sienten cómodas.

Definiendo emociones

A fin de desarrollar un lenguaje para las emociones, necesitamos entender qué son y aprender a ser flexibles utilizándolas para comunicarnos con otros.

Técnicamente podríamos definir una *emoción* como "un sensible desorden o trastorno del individuo, revelado en el comportamiento o experiencia consciente". Otros lo han definido más sencillamente como "un sentimiento".

¿Cómo nos influencian las emociones? A menudo las experimentamos como respuestas transitorias a sucesos en nuestro ambiente. Pueden ser intensas o leves y pueden surgir de alguna estimulación externa o interna —una condición del cuerpo o un pensamiento en la mente—. Cuando experimentamos una emoción, no tan sólo cambian nuestro comportamiento y pensamiento, sino que también tenemos cambios propagados que toman lugar en el funcionamiento de las vísceras (músculos suaves, glándulas, corazón, y pulmones), que son iniciados por factores dentro de una situación psicológica. En breve, todo el ser podrá reaccionar a las emociones.

Usualmente describimos lo que está sucediendo, diciendo: "Tengo la sensación...", si, por ejemplo, nos acordamos de algo del pasado. Pueda que no usemos la palabra emoción en lo absoluto, y no lo vemos en términos técnicos. En cambio estamos conscientes de sus resultados en nuestras vidas. Siempre me ha gustado lo que C.B. Eavey dice acerca de las emociones en *Principios de salud mental para el vivir cristiano*:

> Nada en nosotros profana y destruye la belleza y la gloria de vivir como las emociones; nada eleva, purifica, enriquece, y fortalece la vida como las emociones. A través de nuestras emociones podemos tener lo peor o lo mejor, podemos descender a las más bajas profundidades, o podemos subir a las alturas más altas. Cada ser humano normal añora el desborde de las emociones naturales. Sin la capacidad de experimentar emociones acorde a las situaciones con las que nos encontramos no seríamos normales. Las emociones del tipo correcto, expresadas de manera correcta,

hacen la vida hermosa, llena y rica, roban la monotonía, y contribuyen mucho, tanto al disfrute como a la efectividad de vivir.

Sin duda, las emociones tienen un gran impacto en nosotros, pero depende de nosotros usarlas y desarrollarlas apropiadamente. Ya que Él nos creó como seres emocionales, nuestros sentimientos son un regalo de Dios hacia nosotros. Su intención no ha sido que las suprimamos, apabullemos o aplastemos ni que las evitemos; al contrario Él nos anima a usarlas sabiamente.

Mira las expresiones de emociones encontradas en las Escrituras:

> Como entristecidos, mas siempre gozosos; como pobres, mas enriqueciendo a muchos; como no teniendo nada, mas poseyéndolo todo.
>
> 2 Corintios 6:10 rv

> Porque no nos ha dado Dios espíritu de cobardía, sino de poder, de amor y de domino propio.
>
> 2 Timoteo 1:7 rv

> Airaos pero no pequéis, no se ponga el sol sobre vuestro enojo.
>
> Efesios 4:26 rv

> Oí, y se conmovieron mis entrañas; a la voz temblaron mis labios; pudrición entró en mis huesos, y dentro de mí me estremecí; si bien estaré quieto en el día de la angustia, cuando suba al pueblo el que lo invadirá con sus tropas.
>
> Habacuc 3:16 rv

> Y Abel trajo también de los primogénitos de sus ovejas, de lo más gordo de ellas. Y miró Jehová con agrado a Abel y a su ofrenda; pero no miró con agrado

a Caín y a la ofrenda suya. Y se ensañó Caín en gran manera, y decayó su semblante.

Génesis 4:4, 5 rv

Así sirvió Jacob por Raquel siete años; y le parecieron como pocos días, porque la amaba.

Génesis 29:20 rv

Gozaos con los que se gozan; llorad con los que lloran.

Romanos 12:15 rv

Ed y Carol Neuenschwander dan una hermosa descripción de lo que es emoción en su libro *Dos amigos enamorados*:

Nuestras emociones son los movimientos de nuestra alma. Ellas son las sensaciones que experimentamos que llevan las etiquetas de gozo, pesar, dolor, desilusión, amor, encanto, calor, asombro, temor. Son los incitantes de nuestras personas internas reflejadas en nuestros caparazones celulares. También, las emociones son los cambios subterráneos en sentimiento que encontramos que no son necesariamente activados por la vista, el oído, el gusto, o el olor —aunque sí pueden serlo—. Estos movimientos internos, incitantes, o sensaciones pueden cambiar varias veces en una hora. Pueden ocurrir en múltiplos, formando dúos y tríos que a veces producen armonía y que en otras ocasiones crean disonancia.

Mi motivación para definir emociones es que aquellos que están emocionalmente refugiados, por lo general han perdido el contacto con las distinciones entre pensar y sentir. Así que yo creo que vale la pena restablecer aquellas distinciones.

Las expresiones emocionales van más allá de hablar acerca de temas, eventos y personas por sí mismas

—ellas llegan a hablar acerca de la influencia interna que aquellas cosas tienen en nosotros, como sentimos nuestras vidas tocadas por ellas—. Además, las emociones difieren de la actividad intelectual, que básicamente está caracterizada por la deliberación, el análisis, la evaluación, y la reflexión. Tal vez puedo ponerlo en mejor perspectiva de esta forma: *La expresión emocional es pensar en voz alta desde el corazón en lugar de la cabeza.*[1]

Barreras para las emociones

¿Por qué las cosas no siempre salen bien con nuestras emociones? Porque tanto hombres como mujeres a veces crean paredes y barreras en contra de sus propios sentimientos y a su vez en contra de involucrarse con aquellos que tienden a expresar sus sentimientos. La diferencia de lenguaje es demasiado incómoda. Nosotros nos amurallamos por dentro y otros por fuera y nos volvemos ermitaños autorefrenados o prisioneros, aun en presencia de otra gente.

Los sentimientos componen un tercio de nuestro potencial de consciencia. Nuestro intelecto y nuestra voluntad (o determinación) comprenden los otros dos tercios. Algunas personas escogen vivir sus vidas funcionando en dos cilindros en lugar de en los tres, lo cual pone presión en el vehículo. Los otros dos no pueden compensar nuestro silencio emocional e insensibilidad. Los sentimientos son indicadores en nuestro viaje por la vida. Enviamos y recibimos señales de apoyo, amor, alimento, y protección —todas nuestras necesidades básicas. Los sentimientos están ahí para informarnos, no para amenazarnos.

El doctor Ken Druck ha sugerido algunas maneras en las cuales los hombres especialmente tienden a parecer no afectados emocionalmente y en control.

- Los hombres razonan un curso de inacción diciéndose a sí mismos, ¿De qué sirve hablar de ello? ¡No va a cambiar nada!

- Los hombres se preocupan y preocupan internamente, pero nunca se enfrentan con lo que realmente sienten.

- Los hombres escapan tomando nuevos roles o se esconden detrás de viejos roles.

- Los hombres toman la actitud de que los "sentimientos" pasarán y los echan de lado como algo sin importancia.

- Los hombres se mantienen ocupados, especialmente con trabajo.

- Los hombres cambian un sentimiento por otro —se enojan en lugar de experimentar temor o dolor.

- Los hombres niegan el sentimiento abierta y completamente.

- Los hombres ponen sus sentimientos en espera —los archivan y tienden a olvidar bajo qué estaban clasificados

- Los sentimientos son confrontados con drogas y alcohol.

- Los hombres son excelentes cirujanos. Ellos crean un "marcapaso para pensar" para reemplazar los sentimientos por pensamiento y lógica.

- Los hombres tienden a dejar que las mujeres sientan por ellos.

- Los hombres a veces evitan situaciones y personas que producen ciertos sentimientos en ellos.

- Algunos hombres se enferman o se comportan sin cuidado y se hieren a sí mismos para tener una razón para justificar sus sentimientos.[2]

Las personas conscientes de sus emociones también pueden no estar en contacto con las fuentes de tensión que sobreestimulan ciertos sistemas de su cuerpo. Éstos pueden producir o agravar tales síntomas físicos como: úlceras, colitis, asma, erupciones, dolores de cabeza, dolores musculares, y tics. El punto en esto es como trata una persona con sus emociones y sentimientos determina en gran manera su salud física, mental, e interpersonal.

Un vistazo saludable a las emociones

Hombres y mujeres necesitan dejar de ver los sentimientos como enemigos y verlos como sus aliados. ¿Cuáles son los beneficios de reconocer y expresar nuestros sentimientos?

Los sentimientos motivan a las personas. Ellos nos desafían a dar lo mejor de nosotros y nos ayudan en algunos de nuestros más grandes logros. Aprovechar los sentimientos es una tremenda fuente de energía.

Los sentimientos crean un ambiente saludable. Ignorar los sentimientos disminuye energía, mientras que al expresarlos, el aire se aclara y seguimos adelante en la vida. No nos quedamos atascados con exceso de equipaje del pasado. Expresar nuestros sentimientos es una de las mejores formas de reducir estres.

Los sentimientos son el puente hacia otras personas. Cuando podemos confiar en nuestros sentimientos y como resultado podemos confiárselos a otros, desarrollamos fuertes lazos de intimidad. Relacionarnos con otros en el nivel de los sentimientos significa que nos relacionamos con ellos en lugar de hacia ellos.

Cuando expresas tus sentimientos, construyes tu autoconfianza. Nosotros tendemos a creer más en quiénes somos y en lo que podemos hacer. Ya no tenemos que vivir más con el temor de que otros descubran nuestros sentimientos.

Los sentimientos nos ayudan a tomar las decisiones correctas. Aquellos que están en contacto cercano con sus sentimientos están más preparados para tomar decisiones difíciles y tomar acciones importantes que aquellos que no lo están.

Los sentimientos ayudan a sanar heridas viejas y nuevas. Si estás herido, no tienes que quedarte herido. Los sentimientos nos ayudan a perdonar a otros y también a concluir negocios inconclusos.

Los sentimientos nos dan vida, pues son una fuente inagotable de energía nueva y fresca. Ellos traen belleza a nuestras almas.

Los sentimientos y su expresión nos dan otro lenguaje con el cual nos podemos comunicar con la gente y con Dios.[3]

¿Cómo comenzamos a desarrollar el lenguaje de los sentimientos?

El primer y vital paso es desarrollar un vocabulario con palabras de sentimientos. Una de las maneras más prácticas de hacer esto es hacer una lista de palabras para expresar sentimientos de las cuales ya estás consciente y luego tomar un recurso tal como *El Libro básico de sinónimos y antónimos* y buscar las diferentes palabras. Yo busqué la palabra *temor* y encontré palabras adicionales como *miedo, pavor, terror, alarma,* y *desaliento.* La palabra *trastornado* puede también ser expresada como *perturbado, agitado, aturdido,* y *molesto.*

A continuación presento dos listas diferentes que puedes usar como recurso. Una vez que las has leído, practica su uso en oraciones. Toma un sentimiento y exprésalo utilizando alguna de las varias palabras. Cuando compartas una respuesta con alguien, intenta usar palabras que expresen sentimientos en lugar de expresar como piensas. Recuerda que los sentimientos usualmente son palabras de uno o dos adjetivos. Si das discursos largos como "Siento que la posición de nuestro gobierno con Nicaragua es ..". esos son pensamientos, no palabras.

He aquí una lista de ocho palabras diferentes con sus amplificaciones.

ODIO	TEMOR	ENOJO	FELICIDAD
1. disgusto	1. miedo	1. dolido	1. gozoso
2. amargado	2. temor	2. ofendido	2. entusiasta
3. lleno de odio	3. ansioso	3. enojado	3. alegre
4. odioso	4. receloso	4. resentido	4. suertudo
5. detesta	5. preocupado	5. lleno de ira	5. afortunado
6. rencoroso	6. atormentado	6. hostil	6. complacido
7. aversión	7. pavor	7. displicente	7. contento
8. despreciar	8. alarma	8. herido	8. satisfecho
9. sentir fastidio	9. embargo	9. irritado	9. contento
10. abominable	10. preocupación	10. tormento	10. encantado

AMOR	DESILUSIÓN	TRISTEZA	CONFUSIÓN
1. afecto	1. turbado	1. lloroso	1. atolondrado
2. amante	2. infeliz	2. pesar	2. dudoso
3. amoroso	3. insatisfecho	3. abatido	3. desorden
4. gustable	4. frustrado	4. tormento	4. azoramiento
5. ternura	5. engañado	5. angustia	5. desconcertado
6. devoción	6. derrotado	6. pesar	6. desorden
7. cariño	7. herido	7. infeliz	7. embrollado
8. aficionado	8. fracaso	8. sombrío	8. incertidumbre
9. pasión	9. rechazo	9. melancolía	9. perplejo
10. cariñoso	10. impedido	10. funesto	10. vergüenza

He aquí otra lista que te ayudará a aprender el lenguaje de los sentimientos. Date cuenta de que hay palabras para describir tus sentimientos cuando tus deseos están siendo satisfechos y cuando no lo están. ¿En qué situaciones serían las palabras apropiadas o inapropiadas? ¿Con quién te sentirías cómoda compartiendo estas palabras? Revisa los sentimientos con los que puedas visualizarte tú misma sintiéndolos y expresándolos. Escoge uno y considera como expresarías la palabra de una forma no verbal.

Cuando los deseos están siendo satisfechos

absorto	ansioso	agradecido	pacífico
afecto	exaltado	ayudador	orgulloso
vivo	animado	inquisitivo	radiante
distraído	embelezado	inspirado	refrescado
apreciación	entusiasta	intenso	aliviado
asombrado	emocionado	interesado	seguro
jadeante	alborozado	fortificado	encantado
calma	expansivo	jubiloso	estimulado
animado	fascinado	excitado	sorprendido
complaciente	amistoso	tierno	estremecido
preocupado	realizado	alegre	tranquilo
seguro	gozoso	conmovido	confianza
curioso	resplandeciente	optimista	despierto
encantado	buen humorado	arrollador	deleitado

Cuando los deseos no están siendo satisfechos

atemorizado	desanimado	indeciso	irritado
agitación	disgustado	horrible	pasivo
reservado	descorazonado	hostil	perplejo
enojado	desmayado	aburrido	provocado
animosidad	desasosiego	impaciente	rencoroso
fastidio	turbado	inerte	renuente
ansioso	abatido	enfurecido	resentido
aprensivo	pavor	inseguro	inquieto
aversión	cortante	intenso	asustado
golpear	avergonzado	fastidiado	trémulo
hastiado	exasperado	celoso	escéptico
aburrido	fatigado	nervioso	adormecido
mortificado	afanado	lasitud	agrio
frío	miedoso	decepcionado	abatido
confuso	furioso	indiferente	alarmado
enojado	melancólico	solitario	sospechoso
descorazonado	culpable	malo	impedido
abatido	odio	miserable	atribulado
destacado	impotente	nervioso	desasosegado

Es importante aprender las señales emocionales de tu cuerpo. Todos experimentamos nuestras emociones de manera diferente. Para algunos, los sentimientos casi inundan sus cuerpos y abruman su razocinio. Para otros, significa primero pensar en lo que sienten, a fin de poder estar consciente de la sensación. Aún otros experimentan sus emociones primero y luego se ponen a tono con sus pensamientos. Comienza a expresar tus emociones con una persona en quien confías. Es decir una persona que no se siente amenazada por tu expresión y no juzga o critica lo que tú dices. La persona te acepta por lo que eres. Cuando experimentes un sentimiento, compártelo lo más pronto posible, en lugar de dejar que crezca y te abrume.

Una vez que comienzas a viajar por el camino de la expresión de tus sentimientos, no querrás tomar atajos, porque los beneficios hacen que el esfuerzo valga la pena.

Recuerda:

Ser un inválido emocional es común y puede ser superado.

Dios nos creó para experimentar emociones y sentimientos.

Toma menos energía experimentar y expresar nuestras emociones que esconderlas.

Los sentimientos son nuestros aliados, no nuestros enemigos.

Desarrolla tu vocabulario y luego haz la prueba compartiendo tus palabras nuevas.

Al hacer esto, desarrollarás la flexibilidad de hablar otro lenguaje.

Constructores de vitalidad

1. ¿Qué significado queremos comunicar a través de la palabra *emoción*? ¿Cuál es el rol de las emociones en nuestras vidas? ¿Qué tienen las Escrituras que decir acerca de las emociones? ¿Quién tiene mayores dificultades expresando sus sentimientos? ¿Por qué?

2. ¿Cómo ponen las personas barreras a las emociones? ¿Has usado alguna de éstas? ¿Cómo puedes comenzar a destruir alguna de las barreras que has construido?

3. ¿Cuál es el rol apropiado de los sentimientos en una vida saludable? ¿Cómo puedes hacer de ellos tus aliados en lugar de tus enemigos?

4. ¿Has desarrollado el lenguaje de los sentimientos? Si lo necesitas, practica usando algunas palabras nuevas. ¿Indica tu lenguaje que tus deseos han sido satisfechos? ¿No están siendo satisfechos?

5. ¿Cómo reacciona tu cuerpo a las emociones? Identifica algunas de los signos que te puede estar dando.

6. ¿Qué vas a hacer esta semana con la información de este capítulo? Describe en qué manera tu comunicación será diferente.

El lenguaje que alienta

Jan y Bill estuvieron sentados en mi oficina para la sesión final de consejería prematrimonial. Nosotros habíamos pasado algunas horas juntos, y una buena porción de ese tiempo fue dedicada a ayudarlos a mejorar su comunicación. Bill me dijo: "Norm, hemos invertido mucho tiempo en comunicación, y creo que mi comunicación y la de Jan serán diferentes. Sin embargo, tengo una última pregunta que hacerte. Si tú tuvieres que sugerir un principio de la comunicación que esté sobre todos los demás principios importantes, ¿cuál sería?"

No tuve que detenerme y pensar. Lo supe inmediatamente. "El principio es alentar. Cuando te comuniques con otros, usa tu comunicación verbal y no verbal para animar o alentar a tu pareja, amigos, o aquellos con quienes tú trabajas. Todos nosotros necesitamos ser alentados, pero frecuentemente es una rara experiencia encontrar un comunicador positivo y alentador".

¿Qué de ti? ¿Vives en la ciudad del ánimo o en el castillo de la crítica? ¿Escuchas de otros o de ti mismo palabras de aliento cada día? Si tuvieres que hacer una lista de lo que dices cada día, ¿Sería la columna titulada *ánimo* más larga que la de *críticas*?

Es muy fácil ser un crítico, pero es tan gratificante ser un alentador.

Alentar es el ingrediente vital en las relaciones personales y profesionales. Una persona puede ser un brillante doctor, un talentoso profesor, un inteligente vendedor, pero si él o ella carecen de sensibilidad, las otras habilidades de la persona están obstaculizadas. Cuando alientas a alguien, tú enfocas en los recursos de la persona con el propósito de construir la autoestima del individuo, su autoconfianza y sus sentimiento de valor. Esfuérzate por levantar a esa persona según lo cita 1 Tesalonicenses 5:11 (rv): "...Animaos..., edificaos.... unos a otros".

¿Quién es un alentador?

Tú alientas descubriendo las cualidades de la persona, reforzándolas y reconociéndolas. A medida que haces esto tú redefines sus defectos y ayudas a la persona a aprender a convertirlos en cualidades. Al ayudar a descubrir recursos ocultos y no descubiertos, levantas la moral de la gente.

La palabra *aliento* significa "dar valor a". Hay muchas ocasiones cuando la gente carece de valor, y necesitamos prestarles el nuestro hasta que el de ellos se desarrolle.

Si fueras a preguntarle a un grupo de individuos qué se siente cuando se es alentado por otra persona y qué hacen ellos para alentar a otros, encontrarías respuestas como las siguientes:

Él entendió mis sentimientos.

Ella me escuchó y no me juzgó. Ella me aceptó tal
   como yo era.

Joanne me respondió como si yo fuera una
triunfadora, una persona especial.

Yo pude ser honesta y Mark no se escandalizó.

Te diré por qué me sentí animada. María tuvo tiempo
para mí.

Realmente me siento segura con Jim.

Aun cuando yo no creía en mí misma y no tenía
esperanza, Anne creyó e ¡increíblemente, tuvo
esperanza para ella y para mí!

Mis padres me animaron en la vida.

Mi mejor amiga vio valor en mí como persona,
aun cuando yo había tenido un día terrible.

La lista continúa...

¿Cómo puedes tú animar a otros?

¿Cómo animas tú a otros? Siendo capaz de encontrar algo
de valor que reconocer cuando ellos están desesperados. En-
focando tu atención en el esfuerzo o intento que la persona
hace cuando enfrenta una situación difícil. Las personas que
animan o alientan dan valor no sólo a través de sus palabras,
sino también a través de sus expresiones no verbales. Una
persona que anima es una persona que realmente sabe escuchar.

Una persona que anima usará frecuentemente las siguientes
frases con otros:

Tú eres una persona capaz.

Inténtalo.

Si tú cometes un error, tú has aprendido. Los errores
son para aprender.

Hazlo a tu propio ritmo, no al mío.

Da lo mejor de ti.

Don Dinkmeyer y Lewis Losoncy sugieren ocho métodos involucrados en el proceso de animar o alentar a otros.

Valora a la otra persona tal como él o ella es. Esto significa que tú crees que la otra persona tiene recursos en ella misma, los cuales aunque tal vez ocultos, están disponibles para ayudarle a enfrentar la vida exitosamente. No debes concentrarte en sus debilidades, sino en sus puntos fuertes.

En mi trabajo de consejería trato con muchos individuos desanimados. Una de mis metas como consejero es "prestarles" mi fe y creer en ellos hasta que hallan desarrollado su propia fe. La gente es rápida para compartir sus defectos o defectos percibidos. Yo quiero descubrir sus cualidades, para su beneficio y para la gloria de Dios. Todos nosotros necesitamos ser vistos como Dios nos ve, individuos de valor, al punto que Jesucristo murió por nosotros, ¡para llevarnos de regreso a Dios!

Frecuentemente, le pido al aconsejado que haga una lista de sus cualidades y que comparta esta lista consigo mismo cada día hasta que la memorice.

Otra manera de ser un animador es *mostrando fe*. Esto significa tener confianza en otra persona, creyendo en la persona inclusive cuando hay muy poca evidencia de que la persona es digna de credibilidad. Primera de Corintios 13 dice: "*El amor da a la otra persona el beneficio de la duda*". (ver v.7). Este tipo de aliento puede ser difícil para aquellos de nosotros quienes somos muy precisos, detallistas, y altamente organizados. Le asignamos a alguien una tarea; luego lo llamamos para controlarlo. ¡Yo no creo que ser "un controlador" sea un llamado espiritual! Tener fe significa creer lo suficiente en la persona, no llamarla y controlarla. ¡Eso es riesgoso! Tu silencio dice: "Yo creo que tú puedes hacerlo". En una situación familiar esto significa: "Yo creo que tú puedes tomar la decisión correcta. Házmelo saber *después* de que hayas tomado tu decisión. Yo estoy interesado".

Construir el *autorespeto* de una persona es otra manera de ser una persona alentadora. Una manera de hacer esto es ayudando a la persona a estar consciente de sus recursos. Otra manera es dándole cumplidos que no estén siempre basados en sus logros o en su rendimiento.

Tú puedes ser una persona que da aliento *reconociendo esfuerzos y mejoras*. Esto les permite a otros saber que son aceptados por lo que ellos son, no solamente por lo que podrían ser. Muy frecuentemente con los niños, esposos, y en negocios, nosotros enfatizamos en la tarea cumplida. Esto comunica a los demás que ellos son aceptados a medida que sean perfectos.

Tú puedes ser un alentador o una persona que anima *reconociendo y concentrándote en los puntos fuertes y cualidades*. Yo creo que nosotros hemos sido condicionados para señalar los errores y defectos de las personas. Pero no es muy agradable vivir en un ambiente siempre orientado a los errores. A medida que consideras las personas en tu propia familia, ¿qué es más fácil de completar para ti?: ¿una lista de 10 de sus puntos fuertes o cualidades o una lista de 10 de sus debilidades? Identifica los puntos fuertes de las personas, concéntrate en ellos, y desarróllalos. Pero tú primeramente debes ser un alentador de ti mismo, si quieres ser capaz de alentar a otros.

Identificar los recursos en otros y ayudarlos a desarrollarlos es una señal de una persona que alienta. Un scout talentoso ve el potencial no desarrollado en una persona y se convierte en el facilitador de ese individuo. Como un alentador tú respondes a la materia prima de la persona, no al producto final. Pero para hacer esto tú necesitas ignorar el actual rendimiento de la persona e invertir en ella. ¿En quién has invertido tú recientemente? ¿Cómo compartiste tus observaciones y visión con la persona?[1]

Recientemente unos amigos compartieron con nosotros una experiencia de su hijo. Él tiene aproximadamente once años de edad y ha estado tomando lecciones de piano por muchos años. Recientemente tocó en el culto de la noche de su iglesia, y el director de música de la iglesia escuchó su ejecución. Después él se acercó a sus padres y dijo: "Su hijo tiene un tremendo potencial. Me gustaría darle lecciones cada semana y ayudarlo a desarrollar ese potencial. Algún día nuestro capaz pianista de la iglesia se irá, y nosotros necesitamos estar preparados para ese momento. Su hijo podría ser el próximo pianista". Esta voz de aliento vino de un muy famoso director de coro en una de las más grandes iglesias de California.

Por todo el mundo, la gente está hambrienta de retroalimentación positiva y expresiones positivas. Cumplidos y apreciación dan buenos sentimientos hacia ambos, al transmisor y al receptor.

¿Cómo puedes tú desanimar a otros?

¿Eres tú consciente de alguna de las maneras con las cuales puedes tú desanimar a otros? Considera estos métodos de desaliento, de los cuales todos nosotros somos culpables de vez en cuando.

Sobreprotección es una forma muy común de aproximación. Nosotros podemos sobreproteger por "el bien de la persona", pero desafortunadamente esto les roba libertad e iniciativa. Cuando la persona es sobreprotegida en esta manera, ella termina sintiéndose ineficiente e inferior.

El silencio puede súbitamente pero devastadoramente desalentar a la gente. Toma como un hecho sus esfuerzos y progresos o no los nota; podemos decirles a ellos que están haciendo algo no aceptable. Frecuentemente otros ven la carencia de expresión como una retroalimentación negativa. ¡Todos nosotros necesitamos reconocimiento!

Intimidación es otra forma de desalentar a otros. ¿Cómo puedes tú hacer esto? No respondiendo al estilo de comunicación de la persona o ignorando lo que ella dice y continuando como si pensaras que ella no ha dicho nada. Podemos también intimidar teniendo un estándar no real de perfección. En la otra persona crea esto la idea de que, *yo no lo puedo alcanzar, entonces ¡por qué intentarlo!* Yo he estado en contacto con personas con quienes, muy honestamente, preferiría no pasar tiempo hablando. Siempre están jugando a saber si "¿Puedes hacer esto?" Si compartes una experiencia o algún logro, ellos inmediatamente hablan de sus propios actos como si nunca hubieran escuchado lo que tú dijiste.

Considera las siguientes palabras de aliento y desaliento. ¿Alguna de ellas suena familiar?

Palabras que animan	*Palabras que desaniman*
Conociéndote estoy seguro de que lo harás bien	Conociéndote
Tú puedes hacerlo.	Tú usualmente cometes errores, entonces ten cuidado.
Yo tengo fe en ti.	Yo dudo que puedas hacerlo.
Gracias por tu ayuda.	Si tú hubieras terminado de recoger la mesa.
Lo estás haciendo bien.	Lo puedes hacer mejor.
Disfruté esa canción.	Tu música está mejorando, pero olvidaste las notas al final.
Puedo ver que pusiste mucho esfuerzo en esto.	Es un buen trabajo, pero las esquinas están rasgadas.
Realmente has mejorado.	Bueno, estás tocando un poco mejor que el año pasado.
Tú lo resolverás.	Tú hubieras buscado mejor alguna ayuda. Eso se ve muy difícil.
Tú solamente puedes aprender intentándolo.	Dudo que debas intentarlo.
Eso fue un buen esfuerzo. No te preocupes por el error.	¿Por qué no piensas en eso antes de empezar?
Pensemos en llevarlo adelante juntos.	¿Cómo puedes ser tan tonto?
Tú has pensado bien. ¿Estás listo para empezar?	Ese plan nunca funcionará.
Eso es un desafío. Pero estoy seguro de que lo harás.	Eso es muy difícil para ti. Yo lo haré.[2]

Tal vez tú has escuchado de dos tipos de personas: personas de sótano y personas de balcón. Las personas de sótano viven en un oscuro, deprimente y húmedo sótano y están ocultos allí, esperando a que tú pases por allí. Cuando pasas, ellos te saltan, te agarran, y te empujan abajo hacia ese sótano. Estas personas son nuestros críticos, y su disfrute en la vida es denigrarnos y lisiarnos.

Por otro lado, las personas de balcón, se inclinan hacia adelante desde el balcón cuando tú pasas y dicen: "Anda, Yo voy contigo. Tú puedes hacerlo. Yo estoy contigo. Estoy orando por ti. Estoy tras de ti. Inténtalo". ¡Ellos nos animan!

Si quieres construir tus relaciones con otros, sé una persona de balcón. Te relacionarás más con otros a medida que te concentres en sus puntos fuertes y en lo que ellos hacen bien, más que en sus debilidades y en lo que hacen mal.

A medida que te relaciones con personas en tu vida de trabajo, hogar, e iglesia piensa en ellos como regalos que Dios te ha confiado. Él quiere que tú respondas como un ayudador y no como un estorbo. Ellos están allí para recibir tu afirmación. Conviértete en un buscador de tesoros y empieza a explorar la vida de otras personas. Busca sus creencias, actitudes, habilidades, y talentos escondidos que necesitan ser afirmados. Tal vez todos nosotros, incluyéndome a mí mismo, podríamos usar algún entrenamiento como un talentoso explorador. Tal vez todos nosotros necesitamos cambiar la prescripción de nuestros lentes de vez en cuando a medida que veamos a otras personas. Nuestra percepción puede volverse borrosa y confusa.

A medida que nos recordemos animar a otros, recuerda animarte a ti mismo. ¿Por qué no afirmarte tu mismo? ¡Dios lo hace! El verso: "Animaos, edificaos —unos a otros—" ¡se aplica a otros y a ti!

Constructores de vitalidad

1. Haz una lista de las críticas y palabras de aliento que has escuchado en un día. Haz otra lista de las cosas que tú dices. ¿Qué puedes tú aprender de cada una de ellas?

2. ¿Cómo puedes tú animar a otras personas? ¿A ti mismo? ¿Qué palabras o frases podrías usar? ¿Son ellas parte de tu vocabulario regular? ¿Qué métodos puedes usar para alentar a otros?.

3. ¿Qué clase de expresiones te desalientan? ¿Cuáles te alientan? ¿Cuáles tú usas con mayor frecuencia cuando hablas con otros?

4. ¿Qué es una persona de sótano? ¿Qué una persona de balcón? En tu vida, ¿qué admiras de las personas de balcón? Haz una lista de algunas de las formas a través de las cuales te podrías convertir en una persona de balcón durante esta semana?

5. ¿Qué harás en esta semana con la información de este capítulo? Describe cómo tu comunicación será diferente.

ONCE

La segunda conversación
más importante
—con nosotros mismos

¿Hablas contigo mismo? Es completamente correcto admitir que lo hagas. Esto no significa "que te falte un tornillo o que te estés volviendo loco". Todos nosotros nos hablamos a nosotros mismos. Es normal. Nosotros mantenemos diálogos internos a lo largo del día. Algunas veces son conversaciones actuales, o simplemente son una serie de creencias que agarramos y nos las decimos a nosotros mismos regularmente. Nuestros diálogos internos reflejan nuestras creencias y actitudes acerca de nosotros mismos, de otros, nuestras experiencias, el pasado, el futuro, Dios, etc.

Sabías que:

> Lo que tú expresas en tu diálogo externo con otros es un reflejo del diálogo interno que mantienes contigo mismo.

Como te comportas con otros está determinado por tu diálogo interno, no por sus comportamientos o respuestas.

Muchas de tus emociones —tales como ira, depresión, culpabilidad, preocupación— son iniciadas e intensificadas por tu autoconversación.

En cuanto tú te sientas en la iglesia un domingo por la mañana ¿estás tú consciente de cuántas conversaciones están ocurriendo durante el sermón del pastor? Tú dirás: "no hay conversaciones. El pastor está predicando y la gente se sienta en el santuario a escuchar" ¿Correcto? !Equivocación! Algunas personas están escuchando, pero muchas de ellas están a kilómetros de distancia, enfrascados en sus propios pensamientos y conversaciones internas. Inclusive a medida que miras alrededor y notas la aparente inspirada atención, es posible que seas sorprendido al descubrir cuántas personas están hablando consigo mismo. La persona al lado tuyo es posible que esté ensayando lo que le va a decir a su empleado en el trabajo al día siguiente. La siguiente persona delante de ti puede estar formulando lo que le va a decir a su adolescente, quien está sentado dos filas delante de ti con sus amigos, está conversando con los de atrás y adelante, interrumpiendo a los de su alrededor. La mujer cerca de ti quien está sonriente y mirando atentamente al pastor puede estar pensando, *Oh, yo no debería haber venido esta mañana, sé que George está enojado nuevamente conmigo. Nada absolutamente nada ha funcionado últimamente. Desearía poder salir de esta depresión. Yo sólo sé que algo anda mal por el comportamiento de George. Me pregunto si las demás personas pueden decir ¿cómo me siento? ¿Por qué escogió el Pastor predicar sobre ese tema hoy? ¿Acaso no sabe el efecto que causa en mí? Desearía que este culto termine entonces podría hablar con George.* Diálogos internos tal como ese no deben sorprendernos. ¿Por qué? Porque muchos de nosotros hemos hecho algo bastante similar.

Lloyd Ogilvie dice: "Actualmente, un constante flujo de diálogo tiene lugar dentro de nosotros mientras estamos conversando con otras personas. Nosotros hablamos en la cámara privada de nuestras mentes sobre lo que pensamos acerca de lo que la otra persona está diciendo, lo que realmente hay detrás de sus palabras, o lo que vamos a responder una vez que él o ella paren de hablar. Algunas veces nosotros decimos dentro de nosotros mismos lo que vamos a decir o que realmente nos gustaría decir si nos atreviésemos".[1]

¿Qué te dices a ti mismo?

Mucha gente no se da cuenta del tremendo poder y efecto de su diálogo interior. *¡Nuestros pensamientos internos determinan lo que decimos y hacemos!* Esto quiere decir que lo que he dicho en los capítulos anteriores depende de lo dicho en este capítulo. Tú puedes intentar escuchar con tus oídos y tus ojos, llevar el ritmo de otro individuo, igualar el compás de esa persona, inflexión, y palabras, e inclusive utilizar palabras que reflejen el vocabulario de la persona. Pero la efectividad de esto será determinada por tu diálogo interno. ¡Eso es poderoso!

¿No sería fascinante tener una impresión de computadora de tu propio diálogo interno de solamente un día? Muchos de nosotros estaríamos escandalizados de lo que revelaría esa impresión. ¿Sabes qué? Posiblemente estaríamos escandalizados al notar algunas de las diferencias entre lo que nos decimos a nosotros mismos en nuestro diálogo interno y lo que decimos a otros en nuestra conversación externa. Mucha gente habla a otros de una manera bastante diferente de la manera en que se hablan a ellos mismos.

¿Qué quiero decir? A través de los años he descubierto que mucha gente habla con otros de una manera cortés, preocupada, interesada, y objetiva, pero no se tratan a ellos mismos con igual estima. Responden objetivamente a otros, pero se hablan a ellos mismos de una manera no realista, autodespreciante lo que conlleva a depresión, baja autoestima, preocupación e ira. Estas emociones a su vez afectarán lo que decimos a otros y cuán objetivamente escuchamos y respondemos.

Pensamiento automático

Muchos de nuestros pensamientos son automáticos. Saltan dentro de nuestra consciencia sin ninguna planificación o aviso consciente. Permitámonos considerar las características de los pensamientos automáticos.

Antes que todo, un pensamiento automático es un mensaje específico. Una mujer joven quien teme ser rechazada por los hombres se dice a ella misma, *él no está interesado en mí. No soy lo suficientemente atractiva.* Estos pensamientos afectan sus respuestas verbales y no verbales hacia ese hombre. Pueda que ella se sienta cómoda actuando de manera insegura y enferma y produzca justamente el rechazo que ella teme. O pueda que ella disimule mostrándose demasiado confiada y autosegura y lo aleje.

Frecuentemente, un pensamiento automático aflora, no necesariamente de manera completa, pero en forma parcial. Éste puede tomar la forma de una imagen visual o simplemente unas pocas palabras. El pensamiento automático puede ser una memoria resumida de algo que ocurrió en el pasado, o podría ser una serie de palabras desconectadas. Una palabra o una serie de frases telegráficas cortas pueden servir de etiqueta o sumario para un grupo completo de dolorosos recuerdos, temores o expresiones autodegradantes.

Usualmente, nosotros creemos en nuestros pensamientos automáticos, independientemente de cuan irracionales o fuera de tono ellos parezcan. Pueden parecer racionales porque nosotros muy pocas veces los analizamos o verificamos. Porque fallamos al probarlos, y entre más ocurren más creemos en ellos.

Experimentamos estos pensamientos espontáneamente. Ellos simplemente irrumpen dentro de nuestras mentes y, ya que están allí, por qué no deben ser verdad.

Otra característica de los pensamientos automáticos es que ellos incluyen la terminología de: *debería, necesita,* o *tiene que.* Nosotros las llamamos "palabras de tortura", ya que ellas aumentan nuestro sentir de culpabilidad y de baja auto-estima. "*Yo debería* hacer esto.."., o "*Debo ser* una madre perfecta.."., o: "*Necesito* ser consistente y nunca cometer un error". Cuando estas palabras aparecen en la pantalla de nuestras mentes, ellas generan desesperación.

Los pensamientos automáticos tienen una característica original de ser "*impresionantes*". Estos pensamientos esperan lo peor, ven el peligro detrás de cada arbusto, y crean una intensa ansiedad. Pueden afectar nuestra actitud durante días y debilitar paulatinamente una comunicación saludable.

También podemos encontrar que los pensamientos automáticos son difíciles de detener. Pueden parecer un poco razonables, y una vez que ellos irrumpen en, camuflan nuestros demás pensamientos. Puesto que son pensamientos que tienden a ir y venir libremente, es difícil refrenarlos.

Tú aprendes tus pensamientos automáticos cuando escuchas a otra gente lo que han dicho de ti. Luego crees en esas expresiones.

Pensamientos distorsionados

Los pensamientos distorsionados vienen en muchos empaques. Para empezar a contarlos y eventualmente eliminarlos, primero debemos identificar tales pensamientos. Nuestra meta es liberarnos de la cautividad de nuestros pensamientos poniendo cada pensamiento cautivo en Cristo. Consideremos la variedad de distorsiones.

1. *Filtración* puede distorsionar nuestros pensamientos. Otro nombre para esto es *visión de túnel.* Una persona mira hacia un elemento de una situación, mientras ignora todo lo demás. Tu oír es altamente selectivo. Por ejemplo, tú puedes recibir felicitaciones de tu jefe por un proyecto que acabas de

terminar. Pero al mismo tiempo él te da sugerencias constructivas y positivas para el próximo proyecto. ¿En qué posición te ubicarías? Alguien se concentraría en la sugerencia, reinterpretándola, y viéndolo como una expresión negativa. Una persona puede tener la tendencia ya sea de sobredimensionar o agravar lo expresado. Luego exagerará sus temores, pérdidas, e irritaciones, obstaculizando de esta manera su comunicación. Todos nosotros tenemos nuestros propios túneles. Algunos de nosotros, por ejemplo, somos sensitivos a cualquier cosa que sugiera pérdida, haciéndonos el centro de atención, o frustración. Cuando cualquiera de estas cosas ocurre, ellos activan nuestra cinta de filtración.

2. *Pensamientos polarizados* es otra forma como nosotros distorsionamos las cosas. Esto quiere decir que tiendes a ver todas las cosas en sus extremos y no dejas espacio para algo intermedio. La gente es buena o mala. De tal forma que si la persona comete un error, él se juzga a sí mismo como imperfecto, perdedor y malo. Un error y "todo está terminado".

3. *Otra distorsión frecuente* es la sobregeneralización, en la cual una conclusión es basada en un incidente o parte de la evidencia. Un joven invita a una chica a salir y es despreciado. Él piensa, nunca podré tener una cita. Si en alguna ocasión comes almejas y te enfermas, dices, nunca más podré comer almejas. Si su esposo rompe una promesa, la esposa piensa, Nunca podré confiar en él otra vez. Una mala experiencia significa que, puedes esperar una repetición, en una situación similar.

Las declaraciones absolutas caracterizan las sobregeneralizaciones: "Nadie aprecia nada de lo que hago"; "Nunca lo podré hacer bien"; "¡Supongo que siempre estaré deprimido!" "Ya nadie me quiere". Tú ignoras la evidencia contraria.

4. *Leer la mente* —hacer juicios instantáneos acerca de situaciones o personas— crea distorsiones. Aunque no tenemos evidencias para algo, creemos en la decisión de un momento. Las

suposiciones son basadas en corazonadas, intuición, una o dos experiencias pasadas, o algún sentimiento vago o incierto.

La familia Smith no me saludó después de la iglesia porque no les gustó mi mensaje. O, yo sé que no quieren venir, así que ¿para qué invitarlos? Las conclusiones son hechas y establecidas en concreto antes que ser revisadas.

5. *Hacer una catástrofe significa hacer una montaña de un grano de arena.* Tal forma de pensar frecuentemente comienza con las palabras *¿que si ...?* Este es el llanto del preocupado. Un pequeño problema significa un desastre en camino. Un carro es robado a media milla de distancia: *¿Qué si hubieran robado el nuestro...?* La persona continúa hablándose a sí misma, en estas líneas, amplificando la situación, haciéndola cada vez más y más grande.

6. *Personificación* es la distorsión de relacionar todo contigo. Si un miembro de la familia está triste, te culpas a ti mismo. Si otra persona se siente herida, tú tomas la responsabilidad, hayas o no tenido algo que ver en el asunto. Tu esposa hace el comentario enojada: "Quisiera que la gente fuera más considerada.."., e inmediatamente crees que ella está hablando de ti.

La comparación con otros es una característica principal de esta distorsión. *Él es un mejor orador que yo, yo soy el ministro menos efectivo en la ciudad, no soy del mismo calibre que el resto de esa gente.* Tú basas tu valor en la comparación con otros. Cada comparación tiene un efecto sobre la percepción de tu propio valor.

7. *Razonamiento emocional* es una distorsión muy común. Si sientes algo, debe ser verdad. Si te sientes como un fracasado, debes ser un fracasado. Si te sientes culpable, debes haber violado tus principios. Todas las cosas negativas que sientes acerca de la vida, otros, y de ti mismo deben ser verdad. ¿Por qué? Porque tú los sientes. Estos sentimientos vienen de pensamientos distorsionados, y ellos a su vez reafirman los

pensamientos. El patrón distorsionado de pensamientos y sentimientos puede ser el más grande engañador con el cuál una persona tiene que contender.

8. *Culpar* nos da alivio y también pensamientos distorsionados. Es agradable saber que alguien es responsable —especialmente alguien más—. Al culpar, vemos a otros como (los) responsables y tranquilizamos nuestra propia culpabilidad. Si tus sentimientos están heridos, alguien más es responsable. Si tienes miedo, alguien más produjo esos sentimientos.

Otros caminan por la vida como recolectores de culpa. Tienen una necesidad incesante de estar equivocados.

9. Deberías, son distorsiones muy comunes. Una persona que a menudo cae en esta trampa opera con un conjunto de reglas muy inflexibles que él ve como correctas, indisputables y absolutas; él también cree que cualquier desviación de estas reglas es mala. Otras personas deberían "saber esto" o "hacer esto". Deberían ser de cierta manera, pensar de cierto modo. Deberías son una forma de sufrimiento autoinfligido y dolor, una forma de masoquismo emocional.

10. La necesidad de siempre estar en lo correcto lleva a un patrón constante de "estar a la defensa" y un pensamiento distorsionado. Requiere gastar un esfuerzo consistente para probar que tu perspectiva siempre está correcta. Las opiniones de otros no cuentan, y ni siquiera las escuchas. Tú nunca cometes errores, por lo tanto es imposible vivir con ellos.[2]

¿Has experimentado estas diez clases de pensamientos distorsionados? Si es así, ¿cómo afectó tu comunicación? ¿Cuáles has usado más a menudo?

He pasado muchas horas aconsejando a clientes acerca de obtener el control de sus diálogos internos. Al comenzar a identificar la relación entre lo que está pasando en nuestras relaciones con otra gente y sus diálogos internos, una de las primeras preguntas es "¿qué hago para cambiar?" Yo respondo, bastante sencillo: "Estén conscientes de sus diálogos internos". Pero la aplicación de este principio toma un esfuerzo consciente y consistente. Balancear tus pensamientos y desarrollar objetividad, debes comenzar a estar consciente de las clases de pensamientos que experimentas en situaciones específicas. Es casi como si varias veces al día, necesitas gritarte: "¡PRESTA ATENCIÓN! ¡ESCUCHATE A TI MISMO!"

Cómo cambiar tu pensamiento

Al principio no es tan fácil dejar de hacer lo que estás haciendo o experimentando y comenzar a pensar acerca de lo que piensas. Si experimentas enojo, ansiedad, depresión, o un sentimiento de rechazo, es difícil alejarte de ese sentimiento, para mirar tus pensamientos. Pero ¡tú *puedes* aprender a hacerlo! muchas personas lo han aprendido. Y sus vidas y comunicación han cambiado. La práctica hace la diferencia.

¿Qué piensas?

El primer paso es *identificar tus pensamientos*. Piensa en una situación de la semana pasada que tú crees que por una u otra razón, no manejaste muy bien. Trata de recordar lo que estabas pensando antes y durante el momento en que las cosas no estaban saliéndote tan bien. Recuerda tu diálogo interno. No tienes que recordar las palabras exactas, sino aquellas que reflejan lo que estabas pensando. Si te cuesta recordar las palabras, ¿qué estabas sintiendo en ese momento? Sólo trata de pensar en algunas palabras específicas que identifiquen tu sentimiento. Comienza con: "me sentí ...", y luego termina la oración. Algunas personas encuentran que es de mucha ayuda escribir "me sentí" varias veces y completar cada una. Después que has identificado el sentimiento será más fácil reconstruir tus pensamientos o diálogo interno. Pueda que descubras que algo de tu diálogo era acerca de una persona, la situación, o aun los sentimientos que estabas experimentando. Una vez que has identificado tus sentimientos y pensamientos trata de recordar exactamente lo que dijiste en tu conversación con otros. ¿Qué hubieras preferido haber dicho? ¿Qué tipos de pensamientos o diálogo interno habrías necesitado para poder decir lo que querías decir? Ese es uno de los principios claves a seguir para embellecer tu comunicación con otros. A fin de escuchar en la forma en que quieres escuchar y a fin de comunicar en la forma en que quieres hacerlo con otros, *identifica lo que necesitas decirte a ti mismo para que esto suceda.*

Analiza y reconstruye tus pensamientos

A fin de cambiar tus patrones de pensamiento, necesitarás hacer lo siguiente: analizar y reconstruir los mismos. Esto simplemente significa evaluar tus pensamientos y cambiarlos. Antes de comprometerte en una conversación o interacción con otra persona o durante el intercambio en sí, decide lo que necesitas cambiar. Tu cerebro trabaja bastante rápido, y tú *puedes* pensar rápido acerca de lo que estás pensando sin distraerte demasiado.

Pero ¡espera un minuto! ¿Acaso esto no contradice los principios de escuchar efectivamente los cuales acabo de bosquejar? Sí y no. Podemos escucharnos a nosotros mismos y escuchar a otros por medio de la concentración. De hecho a fin de poder ser "buenos escuchadores" necesitamos hacer ambas cosas. Tenemos que aclarar nuestra propia estática externa que ya interfiere con el envío, la transmisión, y la recepción del mensaje.

Una forma de pensar realistamente: "con los pies sobre la tierra", es darte a ti mismo permiso para tomar el tiempo de pensar y no responder inmediatamente a la otra persona. Hasta cierto punto hemos aceptado el mito de que siempre debemos ser capaces de responder inmediatamente, aun si no estamos listos para hacerlo. Al comenzar a refrenarte pronto comenzarás a desarrollar una pericia mayor y reconocerás rápidamente tu diálogo interno. Podrás identificar lo que es preciso y lo que no es preciso y tendrás capacidad de reconstruirlo.

Situación
(Describe brevemente la situación indeseable que te molesta.)
En mi primer año de universidad, no puedo vivir en un departamento con dos amigos porque mis padres no me lo permiten.

Analisis correcto de la situación
(Esto se hace para determinar si la descripción que tú has dado de la situación es precisa.)
La situación es real. Ellos no me van a dejar mudarme, y si yo lo hiciera, cortarían mi sustento.

Diálogo Interno
(Identifica lo que te dices a ti mismo cuando piensas acerca de esta situación injusta e indeseable. *Analiza!*

Reconstruye
Este es el momento de desafiar la verdad y la ayuda de cada artículo de la autoconversación y reconstruir las expresiones que describen con precisión el significado de tu situación y estar a tu parecer en tu propio interés.)

1. Esto es terrible.

1. ¿Dónde está la evidencia de que esto es terrible? Es decepcionante, pero no es el fin del mundo. He manejado otras decepciones anteriormente. Puede que más adelante descubra que mudarme no hubiera funcionado.

2. Esto es injusto.

2. ¿Qué hay de injusto en esto? Depende de como lo interprete. El punto aquí no es si es justo o no.

3. Mis padres están tratando de controlarme y no confian en mí.

3. ¿Cómo sé que mis padres están tratando de controlarme? Eso es leer la mente. Les he preguntado si acaso es ese su propósito. Ellos han confiado en mí muchas veces y me han dado libertad. Puedo escribir abajo las razones que me dieron para que no anduviera con mis amigos.

4. Mis amigos encontrarán a alguien más con quien compartir el departamento y nunca tendré la oportunidad de vivir con ellos.

4. ¿Cómo sé que mis amigos encontrarán a alguien más? ¿Qué si lo hacen? ¿Quiere esto decir que ya no seguirán siendo mis amigos? ¿Dónde está la evidencia de que nunca podré vivir con ellos? Estoy sintiendo lástima por mí mismo y mirando las peores consecuencias.

Diálogo Interno	*Reconstruir*
5. Siempre me pierdo los buenos momentos como estos.	5. No siempre me los pierdo. Tengo muchos buenos momentos. Estoy permitiendo que esta decepción borre todos mis recuerdos de los buenos momentos. Puedo hacer una lista de algunos de ellos.

Si tienes una situación particularmente estresante con la que tienes que enfrentarte en el futuro, benefíciate practicando antes de tiempo. Esto te preparara para el encuentro reduciendo así el estrés y haciendo que tu comunicación sea más efectiva.

El ejemplo de arriba, es el de una persona quien identificó la situación que le molestaba y luego analizó sus pensamientos. Puedes intentar hacer lo mismo.

¿Cómo se hubiera comunicado ese estudiante con sus padres si se hubiera guiado por las declaraciones expresadas en la primera columna? Él podría haberse malhumorado o lloriqueado, se podría haber enojado, retraído, y sobrereaccionado hacia sus padres, podría haber sentido lástima por sí mismo, y actuado como un mártir. Las respuestas de la segunda columna son respuestas objetivas y maduras que afectarán tanto las emociones como la comunicación.

En el próximo capítulo miraremos más profundamente algunas maneras de preparar nuestros pensamientos con anterioridad cuando nos enfrentamos a situaciones difíciles.

Recuerda:

Identifica tus pensamientos.
Analízalos y reconstrúyelos.

Conclusiones

1. ¿Por qué son tan importantes los pensamientos que te comunicas a ti mismo? ¿Cómo te afectan? ¿Cómo afectan a otros? ¿Cómo influyen en lo que tú haces y dices?

2. Trata de llevar un control por un día o dos de tus pensamientos instantáneos. Al final de este tiempo ¿has aprendido algo sorprendente de ti mismo? ¿Qué fue lo que aprendiste?

3. ¿Cómo has permitido que tus pensamientos instantáneos influyan en ti? ¿Han estado algunos de ellos basados en pensamientos distorsionados? De ser así, ¿en qué clase de pensamientos distorsionados te encuentras más amenudo envuelto? ¿Hay acaso otras clases que también usas con frecuencia?

4. A fin de comenzar a tomar control de tus pensamientos instantáneos, comienza a identificarlos. Piensa en una situación que no manejaste muy bien y recuerda tus sentimientos y tu diálogo interno. ¿Qué le dijiste a otros? ¿Cómo puedes cambiar tu diálogo interno para comunicarte mejor? Analiza y reorganiza tus pensamientos en esta situación. Reconstrúyelos para mostrarte a ti mismo un cuadro más claro de lo que realmente sucedió.

5. ¿Qué harás esta semana con la información de este capítulo? Describe cómo variará tu comunicación.

Tomando control
de tus pensamientos

Jim ha trabajado para la misma compañía durante cuatro años, pero aún no ha recibido un aumento. Aunque él sentía que su trabajo estaba más que adecuado, él ha titubeado en pedir un aumento salarial porque teme confrontar y encarar reacciones negativas de otros. A él le gustan las cosas armoniosas y pacíficas. Finalmente Jim decidió que era el momento de tomar alguna acción. Él identificó lo que quería decir y practicó expresándolo con el estilo de comunicación de su jefe.

A medida que él se encaminaba a la oficina de su jefe, Jim comenzó a sentir una gran ansiedad. Primero su estómago comenzó a revolverse. Cuando esto ocurrió, él se dijo a sí mismo, todo está bien, yo puedo manejar esta situación. Me he preparado para esto. Después de unas cuantas palabras preliminares, el jefe de Jim le preguntó si había algo acerca de lo cual él quería hablar.

Cuando él escuchó esto, Jim sintió que se le hizo un nudo en la garganta. Él registró rápidamente estos sentimientos con una aseveración autoinstructiva. *Todo está bien. Estoy tenso; inhala profundamente. No tengo que estar preocupado de cómo hago esta solicitud. Todo saldrá bien.* Él se sintió mejor tan pronto como compartió con su jefe que quería hablar acerca de un aumento.

A medida que continuaban discutiendo la posibilidad, la tensión de Jim aparecía y desaparecía de vez en cuando. Siempre que empezaba a aparecer, él se daba otro mensaje instructivo diciendo cosas como, *lo estás haciendo bien. Sólo cálmate un poco y siéntete tranquilo.* Cuando la tensión cedía, él se fortalecía diciendo, *sabía que podía hacerlo. Eso es mejor.* Hablaron por un momento, y la discusión terminó con el empleador de Jim diciendo que consideraría la petición y lo llamaría.

Jim salió de la oficina sintiéndose bastante tenso. Al regresar a su oficina la tensión aumentó. Un momento, *¿por qué me estoy sintiendo turbado?* se preguntó a sí mismo. Él se dio cuenta de que estaba haciéndose algunas declaraciones de *deberías?. Debí haber obtenido una respuesta antes de salir. Debí haber presionado para encontrar una respuesta. Tal vez no lo presenté de la manera apropiada. Pude haberlo hecho mejor.* Luego comenzó a combatir estas declaraciones con otras expresiones o declaraciones positivas. Se dio permiso de sentirse un poco decepcionado por la tardanza. Al hacer la petición, él había dado un gran paso, se dijo a sí mismo. Había tomado la iniciativa, y cualquiera que fueren los resultados, él había progresado. La próxima vez que solicitara un aumento, sería más fácil. Aunque no había obtenido una respuesta inmediata, *se había* conducido muy bien en la reunión. Varias veces durante el día Jim se fortaleció a sí mismo de esta forma, y por la noche se sentía bien por su progreso.

Tomando control en situaciones difíciles

Tal vez te identificas con una experiencia como la de Jim. Pueda que hayas tenido una confrontación tensa con un empleado, un miembro de la familia, o un amigo, o tal vez te sentiste inseguro de ti mismo en una clase o al unirte a una nueva organización.

Todos nos enfrentamos con situaciones que provocan ansiedad, tensión. Desafortunadamente la mayoría de nosotros nos preparamos para estos encuentros de tal manera que creamos aún más tensión para nosotros mismos: Anticipamos lo peor y gastamos tiempo hablándonos a nosotros mismos en una forma negativa y derrotista. Quisiera mostrarte una mejor manera. Puedes comunicarte más exitosamente en situaciones difíciles y controlar la situación que antes te controlaba a ti *identificando, analizando* y *reconstruyendo* tus pensamientos.

Jim utilizó algunas de estas ideas que quiero presentarte. Él *identificó* a tiempo una pista (su estómago revuelto) que le recordó utilizar las declaraciones autoinstructivas que ya había pensado. En el pasado esta pista hubiera producido ansiedad, pensamientos preocupantes, y su reacción emocional se hubiera intensificado. Él ya había *analizado* la situación con tiempo, aunque, había desarrollado algunas declaraciones de diálogo interno que utilizaría. Finalmente Jim se alabó a sí mismo cuando descubrió que sus declaraciones funcionaban.

Ahora veamos cómo éstas y otras guías pueden funcionar efectivamente en diversas situaciones.

Cuando tratas con enojo

Pienso que mucha gente estaría de acuerdo en que es muy difícil de tratar con una situación que involucra enojo. Para algunos de nosotros es uno de los momentos más difíciles de comunicarnos clara y racionalmente. Ya sea que la ira o enojo venga de nosotros mismos o de alguien más, necesitamos prepararnos cuidadosamente para nuestras reacciones. Me gustaría sugerir una forma de abordar esta situación basado en los pasos que Jim tomó.

1. Prepárate mentalmente. Utilizando un diálogo interno sano y racional contigo mismo antes de estar en la situación, puedes prepararte para el encuentro con otro individuo. Desarrolla declaraciones como estas:

¿Cuál es la mejor forma de conducirme con esta persona?

Tal vez esta discusión me molesta, pero creo que sé qué decir.

Desde mi perspectiva, no hay necesidad de argumentar, alzar la voz o enojarse.

Yo no conozco completamente la perspectiva de la persona, y ella puede enojarse. Eso está bien, porque lo puedo manejar. No necesito enojarme y permitir que mis emociones sean controladas por la otra persona.

Puedo intentar no tomar esto tan seriamente.

Voy a relajarme, inhalar profundamente, y visualizarme calmado en esta discusión.

Recordaré escuchar a la otra persona, y no tengo que responder inmediatamente. De hecho, sería de ayuda hacer una pregunta antes de responder.

Tales pensamientos te animarán a mantener tu autocontrol, aun si otros no lo hacen. Al seguirlos, establecerás el tono de la conversación.

2. Piensa en el diálogo interno con anterioridad. Prepara declaraciones de tu diálogo interno para usar durante la conversación, en caso de que tus sentimientos comiencen a intensificarse. Podrías decirte:

Mis músculos están comenzando a ponerse tensos.
Es hora de relajarme y calmarme.

Siento la ira de la otra persona, y estoy comenzando a sentir la mía. Está bien que la otra persona esté enojada. De hecho, le doy permiso a la otra persona para enojarse. Ahora necesito escucharlo a él.

Esta es una buena oportunidad para que yo practique lo que los Proverbios declaran en varios versos; "Sé lento para la ira". De hecho, al ser lento para la ira, pueda que no me enoje en lo absoluto.

Necesito recordar que su ira refleja el hecho de que ella está herida, asustada, o frustrada.

Tal vez nos ayude a tomar estos temas punto por punto.

Tal vez ambos tenemos la razón.

Quiero trabajar constructivamente con esta persona.

Pueda que me ayude a mirar lo positivo de esta situación.

Estos son ejemplos de diferentes tipos de declaraciones que una persona puede utilizar cuando sus emociones comienzan a surgir. Identifica aquellas que encuentras de mayor ayuda. Si es que no te gustaría usar ninguna de éstas, haz las tuyas propias. Luego practícalas y revísalas antes de encuentros con problemas identificables.

3. *Toma en cuenta tu reacción.* Planifica tu reacción después de un momento difícil. Algunas de nuestras confrontaciones se desenvuelven bastante bien y otras no. A menudo nos proponemos a seguir la situación, y nuestro diálogo interno puede ser molesto o reconfortante. He hecho una lista de algunos ejemplos de declaraciones de autoaseveración. Selecciona aquellos que pienses serían de ayuda o desarrolla los tuyos.

Esa fue una situación difícil, y toma tiempo resolver los asuntos.

No debo tomarme a pecho lo que se dijo.

Me ayudaría escribir lo que ella dijo y luego mañana evaluar su precisión. Tal vez podría ser importante verlo desde su punto de vista.

No fue tan difícil como lo esperaba.

Manejé la situación bastante bien. Estoy mejorando en relación con lo que solía hacer.

Siento que puedo estar satisfecho con el progreso logrado[1]

Si usas estos pasos, con la práctica te encontrarás tratando con situaciones altamente emocionales en una forma sensible, organizada que te beneficiará así como a aquellos con quienes te comunicas.

Cuando tratas con rechazo

Todos hemos tenido momentos en los que nos hemos sentido indeseados. Tal vez nuestros padres o parientes no nos han tratado bien en una situación. O tal vez nunca nos fue bien en el atletismo, y cuando los equipos escogían a los jugadores en la escuela, siempre éramos los últimos en ser escogidos; y aun entonces nuestro nuevo equipo no parecía muy contento de tenernos. Cada vez que nos hemos encontrado con ello, hemos sentido el dolor del rechazo, y hacemos todo lo posible por evitarlo.

Muchas personas viven en temor constante de ser rechazados. Aun para aquellos que no lo hacen, entrar en una nueva situación con gente nueva lleva con ello una pizca de temor —el temor de no ser aceptado o de no agradar o de no causar una buena impresión—. Cuando esto está presente, no importa a qué grado, nuestro diálogo interno puede ayudarnos o cohibirnos; puede aminorar la amenaza o aumentarla; puede ayudarnos ya sea a ser aceptados o rechazados.

Con gente nueva nos preguntamos, *¿Les agradaré? ¿Me hablarán y mostrarán interés en mí?* Tales preguntas nos preparan para no poder comunicarnos efectivamente con ellos. Pero no tiene que ser así. Permíteme usar el ejemplo del rechazo para compartir cuatro pasos básicos que también podemos usar en otras situaciones.

1. En cualquier situación, analiza lo que te dices a ti mismo. Supongamos que estás sentado en una oficina, esperando por una cita. Acabas de comenzar una conversación con otra persona. Ese individuo escucha por un minuto, da unas cuantas respuestas, y vuelve a leer su revista. Tú lo intentas nuevamente, pero recibes una mínima respuesta. ¿Qué sucede en tu diálogo interno? ¿Te haces acaso comentarios negativos acerca de ti mismo? ¿Haces comentarios negativos acerca de la otra persona? ¿Utilizas acaso etiquetas como *grosero*, o te dices, *no soy un buen conversador?* Trata de identificar declaraciones negativas y etiquetas que usas en situaciones tales como éstas. Comienza a eliminar etiquetas negativas y simplemente describe la situación objetivamente. *Intenté hacerle conversación, y por alguna razón la otra persona no quiso continuarla.* Eso es objetivo, y no te culpas a ti mismo o a la otra persona involucrada.

2. Reformula lo que te dices a ti mismo con anterioridad. Reformular es simplemente dar otra interpretación a una situación actual o potencial. Cuando tenemos miedo del rechazo o aun tenemos ansiedad sobre una nueva situación, es mayormente por cómo conceptualizamos o formulamos nuestro encuentro inicial con la persona o evento. Usamos declaraciones como:

Tal vez no les agrade.

Temo no decir lo que quiero decir, y causaré una mala impresión.

Probablemente él no se interesará en mí como persona.

Ellos probablemente piensan que soy un pesado, y pueda que sean groseros conmigo.

¿Qué logran declaraciones como éstas? Nos preparan para fallar y anticipar lo peor. ¡De hecho entramos en la nueva situación con desventaja!

Sé consciente de tu pensamiento negativo. Con anterioridad mira lo que te dices a ti mismo y acomódalo en un tono positivo. En lugar de enfrascarte en la posibilidad de fallar debes decirte a ti mismo:

¡Pensarán que soy excelente!

He revisado y vuelto a revisar lo que quiero decir, y estoy listo para ellos.

Probablemente está más interesado en mí que lo que me imagino.

Ellos parecen ser excelentes personas; no me han de decir nada malo.

Da la mejor interpretación a tus situaciones, ¡y te prepararás para el éxito!

3. *Reformula tus respuestas durante tu interacción con otros*. Si conoces a alguien nuevo o estás involucrado con un nuevo grupo de personas, y ellos no parecen interesarse en ti o en lo que tienes para ofrecer o vender, puedes interpretarlo de una diversidad de formas. Puedes verte a ti mismo como alguien inadecuado e inmerecedor. Puedes buscar defectos en tu apariencia o en tus habilidades de comunicación social. O puedes considerar cientos de razones para lo que ocurrió.

Digamos que le preguntas a una persona nueva en la iglesia que te acompañe a almorzar después del culto, y la persona no acepta. ¿Qué dices de ti mismo? Algunas personas se realizan una cirugía mental no constructiva. En lugar de esto, haz una lista de veinte razones por las que tú hubieras rechazado una invitación a comer después de la iglesia. Luego considera tu lista. ¿Se reflejan estas preguntas más en la persona que hizo la invitación o más en lo que está sucediendo en tu vida en ese momento? Cuando te encuentres en una situación en la que no aceptan tu petición, en lugar de leer la mente, suponer que tienes un defecto, o volverte irritado con la otra persona, haz una lista, y encontrarás una multitud de excelentes razones.

4. *Antes de comprometerte en una nueva experiencia, ensaya y visualiza lo que quisieras decir y como quisieras decirlo.* Anticipa y planifica lo que vayas a decir si el resultado no es el que querías. Con anterioridad lleva balance a tu diálogo interno.

Tomando control de una situación positiva

Nuestro diálogo interno no influye tan sólo cómo nos comunicamos con otros en situaciones difíciles, también afecta cómo damos y recibimos mensajes agradables. De hecho puede en sí controlar cuánta alabanza damos y recibimos y cómo reaccionamos a los cumplidos que la gente nos da.

Diálogo interno y dar cumplidos. Ya hemos visto la importancia de animar y de dar o expresar cumplidos, ¿pero cuán a menudo has querido decirle algo a otra persona, sin embargo has titubeado antes de que las palabras salgan de tu boca? Tal vez pensamientos negativos o disfuncionales como los que están en el cuadro presentado a continuación te pueden haber prevenido de decir lo que realmente sentías.

Pensamiento de alabanza	Pensamiento disfuncional
Juan es un excelente estudiante. Él es el mejor de la clase y parece tener destreza para el aprendizaje.	Todo el mundo le está diciendo siempre a él cuán bueno es y él siempre obtiene las mejores notas. Él no necesita escuchar nada de eso de mí parte.
Estoy loco por Lisa. Ella hace toda clase de cosas que me hacen amarla cada día más.	
Doug hace el mejor trabajo de venta en toda la compañía. Él realmente se merece todos los negocios concertados.	Ya le he dicho que la amo. ¿Por qué debo decírselo otra vez?
	Si le digo algo así, pueda que no le guste. Tal vez se sienta avergonzado.
Andrea es una excelente chica. Me siento orgulloso de que sea mi nieta.	Ella sólo pensará que el viejo es un ridículo. ¡Me veré tan tonto!

Pensamiento de alabanza	Pensamiento disfuncional
Me gustaría decirle al pastor cuánto su ministerio significa para mí. Además él es un buen predicador.	No se lo voy a decir bien. Ni siquiera sabría cómo empezar, porque me voy a sentir tan avergonzada.
Jane es la chica más linda en mi clase. Me gustaría salir con ella.	Creo que ella es excelente, pero ella tal vez no esté interesada en mí en lo absoluto.
Sam es tan bueno trabajando en madera. Realmente me gustó la pieza que le vendió a la Sra. Miller. Me pregunto si podría enseñarme como hacerlo.	No soy tan bueno para hacer cosas como esas. Él se reirá de mí.

Al ser presa de tales pensamientos negativos, puedes perder la oportunidad de decirle a alguien palabras que le agradaría escuchar. Es muy probable que las suposiciones que hiciste no eran válidas, pero te detuvieron de utilizar el idioma de alentar.

Diálogo interno y *recibiendo alabanza.* Por otro lado, ¿cuán a menudo has recibido cumplidos, luego te has dicho lo contrario en tu diálogo interno (o aun externo)? Tal vez has escuchado alabanzas como las presentadas abajo y has tenido la respuesta paralela en tu diálogo interno.

Alabanza o cumplido	*Pensamientos disfuncionales*
Realmente has hecho un excelente trabajo.	A él sólo le importa y se preocupa por lo que él hace. Realmente yo no le importo.
Tienes mucho potencial.	Estoy cansada de escuchar acerca de mi potencial. ¿Qué les gusta de mí ahora mismo?
	Yo no me siento atractiva. Me veo torpe y este es un traje viejo.
	¿Me pregunto a quién está tratando ella de engañar?
Eres una persona muy atractiva.	¿Me pregunto qué es lo que quiere?

Estas declaraciones internas pueden llevar a varias reacciones que afectan nuestras relaciones con otros. Eventualmente el pozo de los cumplidos se podría secar. Observa cómo alguna de nuestras respuestas negativas pueden hacer sentir a aquel que da el cumplido:

Algunas personas niegan los cumplidos. "¡Oh, yo! Realmente no fue nada. Cualquiera aquí podría haberlo hecho". Después de oír eso, ¡la otra persona se podría sentir mal de haber dicho algo para comenzar!

Otras personas rechazan los cumplidos. "No puedo creer que te guste este traje, lo he usado por años, y en realidad ya está un poco raído. La verdad es que hoy me veo un desastre". Cuando él escucha esto, la otra persona está confinada a creer que tú piensas que su opinión nada vale. ¡Sin embargo hacemos esto con amigos y aún a nuestra pareja!

El sarcasmo es otra respuesta. "Sí, claro, me veo excelente. ¿De dónde sacaste tu gusto?" Tal respuesta rebaja a la gente.

Palabras como éstas podrían reflejar que la persona que las dice tiene problemas con su autoestima. Ese individuo necesita desarrollar una mejor manera de responder a los mensajes positivos que todos en el fondo anhelamos.

¿Cómo podemos cambiar esta manera de responder? Cuando nos escuchamos responder a una alabanza con un diálogo interno negativo, necesitamos contradecirlo expresando algo que es real y que describe la situación con más precisión. Esto nos ayudará a cambiar nuestros pensamientos internos y tomar control de la situación. Al responder positivamente a la alabanza escucharemos más de ésta, porque la gente sabrá que la misma será bien recibida. ¡Qué refuerzo para nuestra autoestima!

Respuesta al diálogo interno.

¿Cómo podemos responder a nuestro diálogo interno cuando escuchamos estos pensamientos? Echemos un vistazo a los cuadros que ya hemos visto en este capítulo para tener una idea de como pueden los pensamientos acerca de recibir y dar alabanza ser controlados en su precisión.

Cuando comienzas a identificar tu pensamiento negativo y tomas control de ello, puedes comenzar a ver el cambio en tus pensamientos instantáneos y en tus reacciones. Pronto sentirás la libertad de dar y recibir alabanza positivamente.

Pensamiento de alabanza	Pensamiento disfuncional	Pensamientos más precisos
Juan es un excelente estudiante. Él es el mejor de la clase y parece tener destreza para el aprendizaje. Estoy loco por Lisa. Ella hace toda clase de cosas que me hacen amarla cada día más. Doug hace el mejor trabajo de venta en toda la compañía. Él realmente se merece todos los negocios concertados. Andrea es una excelente chica. Me siento orgulloso de que sea mi nieta.	Todo el mundo le está diciendo siempre a él cuán bueno es, y él siempre obtiene las mejores notas. Él no necesita escuchar nada de eso de mi parte. Ya le he dicho que la amo. ¿Por qué debo decírselo otra vez? Si le digo algo así, pueda que no le guste. Tal vez se sienta avergonzado. Ella sólo pensará que el viejo es un ridículo. ¡Me veré tan tonto!	Aun si él lo sabe, tal vez él no sepa que tú reconoces cuán bueno él es y lo admiras por ello. Otros se podrían sentir celosos. A ella le gustaría escucharlo otra vez. Entonces ella sabrá que aún la amas y que tu amor está creciendo. Tal vez él se sienta avergonzado por unos pocos minutos, pero él habrá escuchado la alabanza y después se sentirá bien. Le mostrarás cuánto realmente te preocupas por ella y te importa. Ella apreciará tu amor.

Pensamiento de alabanza	Pensamiento disfuncional	Pensamientos más precisos
Me gustaría decirle al pastor cuánto su ministerio significa para mí. Además, él es un buen predicador. Jane es la chica más linda de mi clase. Me gustaría salir con ella.	No se lo voy a decir bien. Ni siquiera sabría cómo empezar, porque me voy a sentir tan avergonzada. Creo que ella es excelente, pero ella tal vez no esté interesada en mí en lo absoluto.	Lo que dices no tiene que ser perfecto. Sólo sé sincero, y tu aprecio se notará. Ambos pueden aceptar que tal vez no sientan lo mismo el uno por el otro. Cuando le has hablado ella se ha mostrado amigable, así que tal vez tú también le agrades.
Sam es tan bueno trabajando en madera. Realmente me gustó la pieza que le vendió a la señora Miller. ¿Me pregunto si podría enseñarme cómo hacerlo?	No soy tan bueno para hacer cosas como esas. Él se reirá de mí.	Me gustaría comenzar a aprender antes de saber si seré bueno en eso. Si él se ríe de mí, le puedo decir cuán incómodo me hace sentir.

Pensamiento de alabanza	Pensamiento disfuncional	*Pensamientos más precisos*
Realmente has hecho un excelente trabajo.	A él sólo le importa y se preocupa por lo que él hace. Realmente yo no le importo.	Él siempre me pregunta cómo va todo. Tenemos una relación de amistad la mayor parte del tiempo. Es sólo que hoy la presión de este proyecto me llegó. Ellos están diciendo que tienen fe en mí. Ellos creen que en el futuro puedo hacer aun más
Tienes mucho potencial.	Estoy cansada de escuchar acerca de mi potencial. ¿Qué les gusta de mí ahora mismo?	
Eres una persona muy atractiva.	Yo no me siento atractiva. Me veo torpe, y este es un traje viejo. ¿Me pregunto a quién está tratando ella de engañar? ¿Me pregunto qué es lo que quiere?	

Evaluación del diálogo interno

Para ayudarte a identificar con precisión los pensamientos que necesitas cambiar y cómo necesitas reformularlos, hazte a ti mismo las siguientes preguntas. Todos nosotros caemos en esta trampa en algún momento dado, y pueda que tome tan sólo unas preguntas para identificar tu pensamiento negativo. Una vez que lo has hecho, estás tan sólo a un paso de cambiar.

1. ¿Cuál es la evidencia? Pregúntate, *¿Tendría este pensamiento validez en una corte marcial? ¿Es evidencia circunstancial?* Tan sólo porque el cartero no entrega la correspondencia un día no significa que ya no puedes contar con nada. Tan sólo porque te tropezaste al entrar a tu nueva clase no quiere decir que te resbalarás otra vez o que pensarán que eres un zoquete.

2. ¿Estoy acaso cometiendo un error al suponer lo que produce algo? A menudo es difícil determinar las causas. Muchas personas se preocupan por su peso, y si vuelven a subir suponen, *No tengo fuerza de voluntad.* Pero ¿es esta la única razón? ¿Podría haber otras causas tales como desbalance glandular, utilizar el comer como una forma de tratar con la infelicidad, etc, etc.? De hecho, no sabemos con certeza las causas de la obesidad. La profesión médica aún está estudiando el problema.

3. ¿Estoy confundiendo un hecho con un pensamiento? Dices tú, *¿He fallado antes, así que por qué ha de ser esto diferente?* Llamarte un fracaso y luego creer en lo que te llamas no quiere decir que la etiqueta que te has puesto es precisa. Revisa los hechos contigo mismo y con otros.

4. ¿Estoy lo suficientemente cerca de la situación como para saber realmente lo que está aconteciendo? Puede que tengas el pensamiento, *A la gerencia de mi compañía no le agrada mi trabajo, y probablemente están planeando deshacerse de mí en los próximos meses.* ¿Cómo sabes lo que la gerencia está pensando? ¿Estás tú en el nivel gerencial? ¿Es correcta tu suposición? ¿Es precisa tu fuente de información? ¿Cómo puedes determinar los hechos?

5. ¿Estoy pensando en términos de Todo o Nada? Muchas personas ven la vida en blanco o negro: El mundo es excelente o despreciable; la gente es buena o mala; hay que temerle a todo el mundo. Una vez más, ¿de dónde sacaste estas ideas? ¿Cuáles son los hechos?

6. ¿Acaso estoy usando palabras de ultimátum en mi forma de pensar? Yo debo siempre llegar a tiempo, o no le agradaré a nadie. Eso no es una declaración justa para ti ni para nadie. Fíjate en el siguiente ejemplo de cómo nuestras palabras pueden crear problemas. Es la conversación interna de una mujer cuyo novio la dejó por otra mujer. Ella estaba asistiendo a la universidad en donde había un sinnúmero de hombres disponibles.

Pensamientos negativos	Respuestas
Él no debió haberme dejado por otra.	No me gusta, pero él debió haberse ido porque lo hizo. Por todas las razones que no sé, él debió haberse ido. Esto no tiene que gustarme, simplemente tengo que aceptarlo.
Lo necesito.	Lo quiero de vuelta, pero no lo necesito. Necesito comida, agua y techo para sobrevivir. No necesito a un hombre para sobrevivir. Pensar en "necesidades" me hace vulnerable.
Esto siempre me pasa y nunca cambiará.	Sólo porque me ocurrió a mí en una ocasión no significa que me haya sucedido antes o que volverá a suceder en todos los casos.
Esto es terrible, horrible, atroz.	Estas son etiquetas que añado a los hechos. Las etiquetas no cambian nada y me hacen sentir peor.
Debo tener a alguien a quién amar.	Es lindo amar y ser amada, pero hacer de ello una condición para ser feliz es una forma de hundirme.

Pensamientos negativos	Respuestas
Soy demasiado fea y gorda para encontrar a alguien más.	"Demasiado" es un concepto relativo, no un estándar absoluto. Pensar como esto es autoderrotarme y dejar de tratar.
No soporto estar sola.	Puedo sobrellevar las dificultades —como lo he hecho en el pasado. Simplemente no me gustan.
Quedé como una tonta.	No hay tal cosa como una tonta. La necedad es sólo algo abstracto, no algo que existe. Este mal etiquetaje no me hace ningún bien y me hace sentir mal.
Él me hizo deprimirme.	Nadie me puede hacer sentir deprimida. Yo mismo me deprimo por la forma en que pienso.[2]

7. ¿Estoy tomando acaso los ejemplos fuera de contexto? Una mujer escuchó la conversación de un instructor quien le hablaba a otro instructor acerca de ella. Ella pensó que el instructor decía que ella era rígida, agresiva y dominante. Afortunadamente, ella se cercioró sobre la conversación con uno de los instructores y descubrió que ella había sido descrita como alguien de estándares muy altos y de determinación. Las palabras fueron dichas en un contexto positivo, pero por su tendencia a pensar lo peor ocurrió una distorsión.

8. ¿Estoy siendo honesta conmigo misma? Estoy tratando de engañarme o hacer excusas o culpar a alguien más?

9. ¿Cuál es mi fuente de información? Son tus fuentes de información precisas, confiables, fidedignas, y las escuchas correctamente? ¿Les pides que repitas lo que dicen y lo verificas?

10. ¿Qué probabilidad hay de que mi pensamiento ocurra? *Tal vez tu situación sea una ocurrencia tan rara que hay poca probabilidad de que tu preocupación se vuelva una realidad. Un hombre pensó que por haber faltado al trabajo dos días iba a ser despedido. Luego de pensarlo, dijo: "Bueno, he trabajado por varios años y tengo un buen registro. ¿Cuándo fue la última vez que* *alguien fue despedido por faltar al* trabajo dos días? ¿Cuándo fue la última vez que despidieron a alguien?"

11. ¿Estoy asumiendo que cada situación es igual? Sólo porque no te fue bien en los dos últimos trabajos no significa que no te va a ir bien en el nuevo. Sólo porque fallaste en álgebra la primera vez, no quiere decir que fallarás la segunda vez.

12. *¿Estoy fijando mi atención en los factores relevantes?* Por supuesto que hay problemas en el mundo, y la gente está física y mentalmente enferma, y el crimen existe. ¿Qué puedes hacer para eliminar estos y otros problemas preocupándote y deprimiéndote por ellos? ¿De qué otra forma podrías usar el tiempo en que pasas pensando más productivamente?

13. *¿Estoy pasando por alto mis puntos fuertes?* Las personas quienes se preocupan o quienes se deprimen, definitivamente están pasando por alto sus cualidades positivas. Ellos no se tratan a sí mismos como amigos. Son duros con ellos mismos y fijan su atención en sus supuestos defectos en lugar de identificar sus puntos fuertes y alabar a Dios por ellos. Es importante no tan sólo hacer una lista de tus puntos fuertes sino también de recordar las veces en el pasado cuando fuiste exitoso.

14. *¿Qué es lo que quiero?* Esta es una pregunta que le hago a la gente vez tras vez en consejería. ¿Qué metas te has establecido para tu vida? ¿Para tu preocupación? ¿Qué quieres obtener en la vida? ¿Cómo quieres que tu vida sea diferente? ¿Cuál es el temor del cual quieres ser libre en este punto de tu vida?

15. *¿Cómo abordaría esta situación si no estuviera preocupándome acerca de ella?* ¿Tendría la tendencia a empeorar la situación? ¿Me sentiría tan inmovilizado por el problema como lo estoy ahora? ¿Imagínese cómo respondería si creyera que tiene la capacidad de manejar la situación?

16. ¿Qué puedo hacer para resolver la situación? ¿Están mis pensamientos guiándome a una solución de este problema o empeorándolo? ¿He escrito una solución al problema? ¿Cuándo fue la última vez que intenté un trato diferente?

17. ¿Me estoy haciendo preguntas que no tienen respuestas? Las preguntas como ¿Cómo puedo borrar el pasado? ¿Por qué tuvo que suceder esto? ¿Por qué no puede la gente ser más sensible? o, ¿Por qué tuvo que sucederme esto a mí? A menudo podemos responder a preguntas como esta con otras preguntas: "¿Por qué no?" ¿Qué si algo terrible ocurre? "¿Y qué si ocurre?" ¿Por qué pasar el tiempo haciéndote preguntas incontestables?

18. ¿Cuáles son las distorsiones en mi propio pensamiento? El primer paso para sobreponerse a los errores es identificándolos. ¿Haces suposiciones o saltas a las conclusiones? ¿Cuáles son? La mejor manera de tratar con una suposición es revisarla. Busca los hechos.

19. ¿Cuáles son las ventajas y desventajas de pensar de esta manera? ¿Cuáles son las ventajas de preocuparte? Enuméralas en un papel. ¿Cuáles son las ventajas de pensar que no le agradas a la gente? ¿Cuál es el beneficio de cualquier tipo de pensamiento negativo?

20. ¿Qué diferencia hará todo esto en una semana, un año, o diez años? ¿Recordarás en el futuro lo que pasó? De aquí a cinco años ¿quién se acordará que tu camisa estaba mal abotonada? ¿A quién realmente le importa? Nosotros creemos que nuestros errores son más importantes para otra gente de lo que realmente son. Si las personas escogen recordar de aquí a diez años, algo que dijiste o hiciste que les molestó, eso es su problema no el tuyo.

¿Es tu diálogo interno —tu amigo o un enemigo? ¿Controla tu vida, o estás tú en control? En este capítulo he compartido un sinnúmero de sugerencias contigo, pero aún falta el paso más importante. ¡Continúa leyendo!

Recuerda:

Identifica, analiza, y reconstruye tus pensamientos.

Si te enfrentas con una situación de ira, prepárate mentalmente, piensa en tu diálogo interno de antemano, y considera tu reacción.

Cuando te enfrentes al rechazo, reformula y ensaya lo que quieres decir.

Los pensamientos negativos no necesitan impedirte el dar y recibir alabanza. Enfrenta los pensamientos disfuncionales con hechos.

Conclusiones

1. ¿Tienes ya el hábito de identificar, analizar y reconstruir tus pensamientos? Si no lo tienes, intenta practicarlos cuando estés consciente de pensamientos negativos.

2. ¿Utilizas los pasos aquí bosquejados, cuando te enfrentas a una situación en la cual anticipas ira? ¿Cuáles son esos pasos? ¿Cómo te pueden ayudar? ¿Tienes algunas frases listas para utilizarlas en cada situación?

3. ¿Cuándo te has enfrentado al rechazo? ¿Has utilizado los pasos bosquejados en ese capítulo? ¿Cómo puedes utilizarlos en el futuro?

4. ¿Eres bueno para dar o recibir alabanza? ¿Por qué o por qué no? ¿Cómo puedes cambiar tus pensamientos internos a fin de ayudarte a ser mejor en ambos? Usa la "Evaluación del Diálogo Interno" para identificar tus pensamientos imprecisos.

5. ¿Qué harás esta semana con la información de este capítulo? Describe cómo cambiará tu comunicación.

La conversación más importante de todas — con Dios

Tú no puedes hacerlo por ti mismo, me refiero a cambiar tu diálogo interno. Sí, puedes intentarlo, y harás algún progreso. Pero para hacer cambios grandes y duraderos, debes dar un paso final —conversar con Dios—. Le llamamos oración. Oramos porque es un privilegio y un medio de comunicación con Dios el Padre. Oramos porque la Palabra de Dios nos instruye que oremos. Es emocionante darse cuenta de que cuando oramos estamos en efecto siendo bienvenidos en la presencia de Dios: *"Acerquémonos, pues, confiadamente al trono de la gracia, para alcanzar misericordia y hallar gracia para el oportuno socorro"* (Hebreos 4:16).

Niveles de conversación

Puesto que yo tengo una inclinación visual, quisiera diagramar el proceso que estoy sugiriendo.

Nosotros conversamos con otros

Nosotros conversamos con nosotros mismos

Nosotros conversamos con Dios

Nuestra conversación

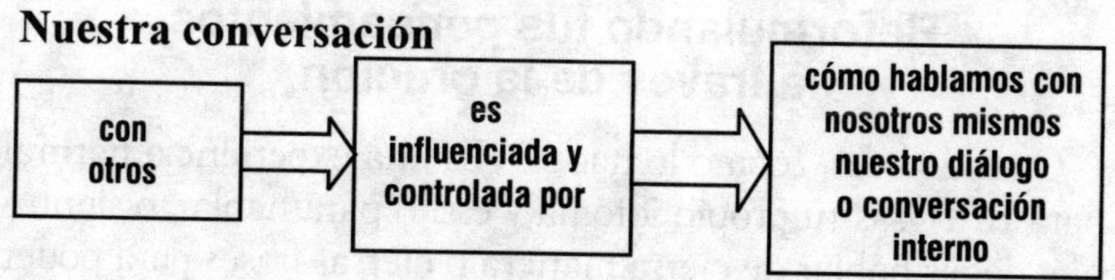

¿Cómo entonces cambiamos nuestra conversación con otros?

1. Cambiamos nuestro diálogo interno

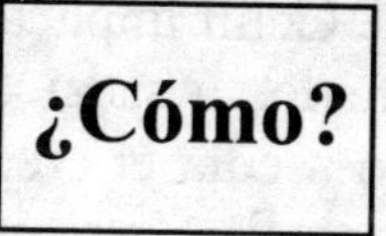

2. A través de nuestra conversación con Dios

Nuestro acceso a Dios fue hecho disponible por él, a través de Su Hijo Jesucristo, quién murió en la cruz por nosotros. Esto fue un acto de comunicación por parte de Dios para el mundo entero.

Tenemos a nuestra disposición recursos increíbles para cambio, crecimiento y estabilidad. Pero necesitamos valernos de estos recursos conversando con Dios y permitiendo que Él nos hable directamente a nosotros y a través de Su Palabra.

Reformulando tus pensamientos a través de la oración

Cuando oras, ¿cómo lo haces? ¿Es una experiencia natural para ti? ¿Usas tu propio idioma y estilo para hablar, o sientes que debes hablar de cierta manera o ciertas frases para poder comunicarte?

Los temas acerca de los cuales oramos son personales, pero quisiera recomendar una oración específica: pídele a Dios que reformule tu manera de pensar. Esto comienza consagrando tu vida de imaginación y pensamiento a Dios y pidiéndole que limpie tu vida de pensamiento de cualquier cosa que asedie o limite tu crecimiento y progreso en la vida. Esta sugerencia es a la luz del pasaje de las Escrituras encontrado en 1 Pedro 1:13 (rv) "*Ceñid ... vuestro entendimiento*". Ceñir implica un ejercicio o esfuerzo mental. Somos llamados a sacar de nuestra mente cualquier cosa que impide o asedia el crecimiento o desarrollo de nuestras vidas cristianas. Pero este crecimiento se logra por el trabajo de Dios en nuestras mentes. Como creyentes el Espíritu Santo puede darnos una mayor consciencia de los pensamientos que controlan nuestras vidas y un mayor acceso a los pensamientos específicos que necesitan ser cambiados.

Con la ayuda de Dios, podemos desarrollar una sensibilidad mayor a nuestros diálogos internos. En ocasiones pueda que nos resistamos a hacerlo, puesto que nos sentimos culpables por un viejo patrón de pensamiento. Una vez más nuestros diálogos internos negativos nos han impedido una expresión honesta —con Dios—. No necesitamos temer. Él no se va a sorprender o asombrar ni ofender por nada que nosotros le digamos, siendo que Él, de cualquier manera, ya está consciente de nuestros pensamientos.

Al pedirles a las personas en consejería que comprometan sus diálogos internos con Dios cada día, también he pedido, "¿Cómo ves o te imaginas a Dios responder receptando tus pensamientos y patrón de pensamiento?" Esto usualmente provoca no sólo una respuesta interesante sino una indicación de la persona de la imagen de Dios.

Admite tu necesidad

¿Entonces cómo oramos? Primero debemos venir a Dios y admitir que nuestra vida de pensamiento necesita renovación y cambio. Seguidamente, si no tenemos el deseo, nos imaginamos a Jesucristo dispuesto a ayudarnos a desarrollar el deseo de cambiar nuestros pensamientos. A menudo le sirve de ayuda a la gente comenzar el día pidiéndole a Dios que los ayude a identificar y analizar minuciosamente sus pensamientos y luego a reconstruirlos. Aunque pueda que nosotros estemos alerta a nuestros diálogos internos o no lo estemos, *podemos* estar conscientes de estas conversaciones. Necesitamos desarrollar la habilidad de observarlos con precisión. Las Escrituras nos dicen: *"llevando cautivo todo pensamiento a la obediencia de Cristo"* (ver 2 Corintios 10:5).

Recuerdo a un aconsejado quien me preguntó una vez: "Norm, ¿está bien usar mi imaginación en mis oraciones?" Continuó diciendo: "Encuentro que si a veces me imagino a mí mismo en la presencia de Cristo, hablándole, se produce un impacto más grande en mi vida." Le dije que estaba bien hacerlo.

Algunas personas obtienen más beneficio orando con sus ojos abiertos, otros estando en una habitación solos y hablando en voz alta. Algunos individuos quienes, una vez habiendo identificado el patrón negativo de su diálogo interno, toman cada pensamiento negativo o distorsionado, lo repiten, y se lo entregan a Dios. Aun otros casi actúan cuando oran viéndose a sí mismos sosteniendo cada pensamiento en sus manos y literalmente dándoselo a Jesucristo, quien lo acepta con Sus manos y se lo lleva. Ellos concluyen este proceso de oración dedicando sus imaginaciones a Dios en una forma realista. En realidad ellos le han cedido el derecho de propiedad de su vida de pensamiento e imaginación a Dios. Como quiera que lo hagas, cualquiera que sea el método que funcione para ti, entrégale tu vida de pensamiento al control de Dios.

¡Algunas personas se resisten a esta propuesta porque es tan efectiva! Yo lo he descubierto así en mi propia vida. Algunas personas se resisten a darle el control a Dios porque se sienten cómodos con su patrón negativo de pensamiento, y ellos saben que cualquier esfuerzo para cambiar tomaría tiempo, energía, y paciencia. De hecho, algunos obtienen satisfacción de su forma de pensar, ¡la cual no sigue la dirección de los deseos de Dios! He aquí una oración sincera y equilibrada que escuché una vez:

> Señor, estoy en el lugar de pedirte que tomes mi vida de pensamiento, mis diálogos internos, y mi imaginación y no tan sólo los limpies sino que me des el poder para controlar mis pensamientos. Estoy aprendiendo qué pensamientos me causan el mayor pesar y cuáles me ayudan. Tengo que admitir ante ti que soy una criatura de hábito, y sé que he pasado años desarrollando este tipo de pensamiento negativo. Yo quiero comunicarme mejor con otros y conmigo mismo, y necesito Tu ayuda. Te ruego que me hagas estar consciente de lo que estoy pensando y de sus efectos. Por favor recuérdame, y yo responderé a tu estímulo. Si de vez en cuando vuelvo a mi antigua manera de pensar, ayúdame a no caer en el negativismo conmigo mismo debido a este lapso. Ayúdame a ser paciente conmigo mismo y contigo. Gracias por escucharme, aceptarme, y gracias por lo que Tú harás en mi vida de pensamiento y diálogos internos en el futuro.

Este hombre estaba orando por autoobservación, que es uno de los pasos importantes involucrados en el cambio de nuestros diálogos internos. El salmista dijo: *"Examíname, oh Dios, y conoce mi corazón; pruébame y conoce mis pensamientos; y ve si hay en mí camino de perversidad, y guíame en el camino eterno"* (Salmo 139: 23,24).

Intenta una terapia de oración

Algunas personas encuentran que es de mucha ayuda conducir sus propias sesiones de terapia de oración para cambiar su manera de pensar. Esto involucra varias horas ininterrumpidas. Empieza la oración afirmando que el Señor está presente, que Él te ama, y tú le perteneces. Toma una pluma y un papel. Pídele al Señor que guíe tu memoria de tal forma que recuerdes las declaraciones o diálogos internos que tú haces regularmente y que obstaculizan tu relación con otros y contigo mismo. Este es un tiempo privado entre tú y el Señor, y no necesitas apurarte. Si ningún pensamiento viene a tu mente por un instante, sé paciente. A medida que los pensamientos entran a tu mente, escríbelos, pero no los evalúes. Después de un tiempo, regresa a la lista y da gracias a Él por permitirte recordarlos. Pídele a Dios por su sabiduría y guía para cambiar esos pensamientos y estar consciente de ellos en todo momento.

Yo he animado a un sinnúmero de individuos para mantener un récord diario de sus pensamientos. Un registro o diario simplemente registra puntos de vista personales concernientes a tus pensamientos, qué has aprendido de ellos, cómo has orado por tus pensamientos. Esto también indica progreso al identificar, analizar minuciosamente, y reconstruir tus pensamientos. Cuando escribes tal tipo de diario o récord, tú respondes a preguntas tales como, "¿Cuáles fueron los pensamientos y sentimientos significativos de este día?" "¿Cómo respondí a ellos?" y escribes las respuestas. El hecho de escribir algo te dice que es importante.

Otra variación de la utilidad de un diario o récord es poder expresarlos en oración. Al escribir una oración o al ponerla en forma de una carta a Dios, le inviertes más tiempo pensando y deliberando, y la experiencia puede tomar un gran significado. Quizás quieras comprometerte a esta actividad por una semana y al final de este tiempo evaluar lo que sucedió.

Algunas personas quienes enfrentan situaciones difíciles en las cuales ellos se ponen muy enfadados invierten algunos momentos antes del evento orando y discutiéndolo con Dios. Durante este tiempo ellos le preguntan a Dios qué pensamientos Él quiere que ellos tengan.

Luego ellos practican esos pensamientos positivos o diálogos internos y los ensayan mentalmente. Esto es guardando lo que dice Proverbios 15:28, "El corazón del justo piensa para responder...", y Proverbios 16:23, "El corazón del sabio hace prudente su boca,...."

La Palabra de Dios tiene mucho que decirnos acerca de como nosotros debemos comunicarnos con otros. ¿Pero has considerado tú alguna vez que algunos de esos pasajes necesitan ser aplicados directamente a nosotros primero, antes de que los consideremos para otros?

Conforme a la imagen de Dios

Las Escrituras dicen que nosotros estamos para

...animaos unos a otros y edificaos unos a otros...

1 Tesalonicenses 5:11

y nosotros aplicamos esto en nuestra respuesta a otros individuos. Pero de manera que podamos responder en forma apropiada a otros, ¿no necesitamos respondernos a nosotros mismos de la misma manera? ¿En nuestra propia vida y pensamientos nos animamos a nosotros mismos a edificarnos y a fortalecernos? ¿o nuestros pensamientos nos hacen debilitarnos, menospreciarnos y desanimarnos, y llevándonos a una comunicación inefectiva?

¿Por qué tenemos tal dificultad con nuestros diálogos internos? Existen muchas razones, pero la más básica es el resultado de la caída del hombre y el pecado original. Creo que uno de los resultados de la caída es la inclinación a los pensamientos negativos y distorsionados, los cuales tendremos que confrontar a través de nuestras vidas. Nuestros pensamientos son totalmente responsables por lo que nos sucede. En Proverbios 15:15 leemos, *"Para quien está afligido, todos los días son malos [por pensamientos ansiosos y prohibidos]...."*

Pero el propósito de Dios para todos nosotros es ser hechos a la imagen de Su Hijo. Colosenses 3:10 establece que nosotros somos, *"...revestidos de la nueva naturaleza: la del nuevo hombre, que se va renovando a imagen de Dios, su Creador, para llegar a conocerlo plenamente"*. Esta renovación es un proceso continuo a través de la santificación. La santificación nos permite transformarnos para lo cual fuimos creados, y esto está relacionado con nuestro diálogo interno. A medida que somos renovados, nuestros diálogos internos son más parecidos a Cristo y menos como el "viejo hombre".

¿Sabías tú que tus pensamientos juegan un rol vital en el proceso de la santificación? Muchos individuos han dividido sus vidas en compartimientos. A pesar de que ellos dan una apariencia externa de estabilidad y pureza, sus pensamientos son un completo desorden y confusión. Esta confusión interna tiene paredes de tal estrechez a su alrededor que nunca se filtra hacia el exterior, o por lo menos no lo hace cuando otras personas están alrededor. Mucha, mucha gente hoy vive una vida interna separada de la externa. El deseo de Dios para cada uno de nosotros es que seamos una persona completa y no más, personas fragmentadas. Una doble vida del tipo recién descrita frecuentemente lleva a una explosión o crisis. ¿Por qué? Porque con el tiempo los pensamientos internos ganan tanto impulso y poder que empiezan a invadir la vida externa o exterior y pronto invaden el estilo de vida exterior y los patrones de comportamiento. ¡Nuestros pensamientos tienen tanto poder! Loren Fischer, in *Highway to Dynamic Living* (Vía rápida para una vida dinámica), gráficamente lo describe de esta manera:

> El vapor del comportamiento es solamente prueba visible de que el fuego del pensamiento está haciendo hervir el agua de la emoción. Una tapa pesada puede

retener el vapor de la acción pero a menos que nosotros retengamos el vapor del pensamiento aún la tapa más pesada puede explotar y hasta lo alto llegará su ráfaga de destrucción. Obviamente, por eso, nosotros perdemos batallas espirituales no por fallar en restringir nuestras acciones con tapas cada vez más pesadas, somos derrotados porque no cambiamos nuestros ardientes pensamientos que hacen hervir las aguas de la emoción.

De la pluma de Pablo, nosotros vemos esto en Efesios 4:22-25:

> *...En cuanto a la pasada manera de vivir, despojaos del viejo hombre, que está viciado conforme a los deseos engañosos, y renovaos en el espíritu de vuestra mente, y vestíos del nuevo hombre, creado según Dios en la justicia y santidad de la verdad. Por lo cual, desechando la mentira, hablad verdad cada uno con su prójimo; porque somos miembros los unos de los otros.*

La renovación que él describe aquí es el espíritu de la mente. Bajo el poder controlador del Espíritu Santo, un creyente dirige sus pensamientos y energías hacia Dios. *"No vivan ya según los criterios del tiempo presente; al contrario, cambien su manera de pensar para que así cambie su manera de vivir y lleguen a conocer la voluntad de Dios, es decir, lo que es bueno, lo que es grato, lo que es perfecto".*

(Romanos 12:2)

La renovación de la mente es ajustar el punto de vista de la persona en la vida y su proceso de pensar a la mente de Dios.

En consejería nosotros tratamos de dirigir a una persona para que enfoque sus pensamientos en pensamientos parecidos a los de Cristo.

> *Si, pues, habéis resucitado con Cristo, buscad las cosas de arriba, donde está Cristo sentado a la diestra de Dios. Poned la mira en las cosas de arriba, no en las de la tierra.*

> (Col 3:1,2)

Poned la mira significa pensar o enfocarse en. Efesios 1:18 describe este nuevo punto de vista como *alumbrando los ojos de vuestro entendimiento* (rv).

Entonces, esta es la forma de orar. Pide a Dios que alumbre los ojos de tu (vuestro) entendimiento, puesto que este es el corazón o centro de tu ser interior; tus sentimientos, palabras, y acciones son inclinaciones del corazón. Los ojos alumbrados provienen del trabajo y poder del Espíritu Santo. ¡El poder que un creyente tiene a su disposición es el mismo poder que Dios usó para levantar a Cristo de los muertos! Cuando este poder se traduce a tu mente o vida de pensamiento, date cuenta de que Dios nos da la habilidad de ver las cosas en la forma en que Él las ve. Todos nosotros necesitamos una transformación de la mente para tener la mente de Cristo.

En un reciente sermón Lloyd Ogilvie, pastor de la Primera Iglesia Presbiteriana de Hollywood dijo: "Cada uno de nosotros necesita rendir el reino de nuestra mente a Dios. ¿Has hecho esto? ¿Has rendido tu mente para que sea un lugar de descanso para el Espíritu de Dios? Cuando lo hagas, tu diálogo interno puede cambiar, y tus conversaciones externas reflejaran la diferencia. Tu escuchar, tu hablar y tu habilidad de hablar el idioma de otra persona y ser un alentador tomará una nueva dimensión.

Así que como ves, ¡ser un oidor completo no depende sólo de ti y de tu comunicación con otros! Al contrario, ¡está basada en ti y la persona de Jesucristo! ¡Jesucristo es el creador de una comunicación efectiva y positiva!

Recuerda:

Conversamos en tres niveles: con otros, con nosotros mismos, y con Dios.

Dios puede reformular nuestros pensamientos si nos comprometemos a la oración y a una renovación de nuestra vida de pensamiento que te conformará a la imagen de Su Hijo.

Conclusiones

1. ¿Cuáles son los tres niveles de diálogo? ¿Cómo afecta cada uno tu habilidad de ser un oidor completo?

2. ¿Cómo puede la oración cambiar tu diálogo interno? ¿Qué pasos debes tomar? Si necesitas, toma esos pasos.

3. Dedica algún tiempo a la terapia de oración o a escribir un diario de oración. ¿Qué has descubierto acerca de ti? ¿Acerca de tu comunicación con Dios? ¿Con otros? ¿Estás abierto a la santificación de Dios?

4. ¿Qué harás esta semana con la información de este capítulo? Describe en qué manera tu comunicación será diferente.

Bilbiografía

Chapter 2

1. David Augsburger, *Caring Enough to Hear* (Ventura, Calif.: Regal Books, 1982), 41, 42.

Chapter 4

1. Matthew McKay, Martha Davis, and Patrick Fanning, *Messages* (Oakland, Calif.: New Harbinger Pubs. 1983),

2. Ibid., 70-78.

Chapter 7

1. Robert Bolton and Dorothy Grover Bolton, Social *Style/Management Style—Developing Productive Work Relationships* (New York: American Management Association, 1984), 11, 12.

2. For additional information, contact Center for Social Style Research and Application, Rudge Consultants, 5 Ledhard Avenue, Cazenovia, New York 13035, (315) 655-3393.

3. Jerry Richardson and Joel Margulis, *The Magic of Rapport* (San Francisco: Harbor Pub., 1981) 19-30, 51-56, adapted.

Chapter 8

1. Robert Dilts, *Applications of Neuro-Linguistic Programming* (Cupertino, Calif.: Meta Pubs. 1983), Chapter 1, 3-15; Chapter 2, 5, adapted.

2. Charles Swindoll, *Crowing Strong in the Seasons of Life* (Portland, Ore.: Multnomah Press, 1983), 132.

3. Ibid., 61.

4. Mike Samuels and Nancy Samuels, *Seeing With the Mind's Eye* (New York: Random House, 1975), 169.

5. Dilts, *Neuro-Linguistic Programming*, 9, 10, adapted.

Chapter 9

1. Ed and Carol Nellenschwander, *Two Friends in Love* (Portland, Ore.: Multnomah Press, 1986), 135.

2. Ken Druck with James C. Simmons, *The Secrets Men Keep* (New York: Doubleday & Co., 1985), 35, 36, adapted.

3. Ibid., 39, 40, adapted.

Chapter 10

1. Don Dinkmeyer and Lewis Losoncy, *The Encouragement Book* (Englewood Cliffs, N. J.: Prentice-Hall Inc., 1980), 70-78, adapted.

2. Don Dinkmeyer and Gary McKay, *Raising a Responsible Child* (New York: Simon & Schuster, 1973), 99-101.

Chapter 11

1. Lloyd John Ogilvie, Why Not? *Accept Christ's Healing and Wholeness* (Old Tappan, N. J.: Fleming H. Revell, 1985) 66

2. Matthew McKay, Martha Davis, Patrick Fleming, *Thoughts and Feelings* (Richmond, Calif., New Harbinger Pubs., 1981), 26, adapted.

Chapter 12

1. Raymond W. Novaco, *Anger Control* (Lexington, Mass.: Lexington Books, D.C. Heath & Co., 1975), as used in Patricia Jakubowski and Arthur J. Lange. *The Assertive Option* (Champaign, Ill.: Research Press, 1978), 148, 151, adapted.

2. Gary Emery, *A New Beginning: How You Can Change Your Thoughts Through Cognitive Therapy* (New York: Simon & Schuster, 1981), 61.